本书受国家社会科学基金重点项目“巨灾保险精算模型研究”（16AZD019）
和山东省社会科学规划研究项目“金融集聚视角下产业结构升级的空间格局
演变研究——以山东省为例”(19DTJJ01) 的资助

中国保险业空间集聚及其溢出效应分析

孟祥艳●著

U1070471

知识产权出版社
全国百佳图书出版单位
—北京—

图书在版编目（CIP）数据

中国保险业空间集聚及其溢出效应分析/孟祥艳著. —北京：知识产权出版社，
2021.1（2022.2 重印）

ISBN 978－7－5130－7325－7

Ⅰ.①中… Ⅱ.①孟… Ⅲ.①保险业—产业发展—研究—中国 Ⅳ.①F842

中国版本图书馆 CIP 数据核字（2020）第 242604 号

内容提要

城市群“集聚经济”已成为我国经济发展的新增长极，作为我国经济发展格局中最具活力和潜力的核心区域，城市群是我国保险业需要重点布局和发展的区域，其空间分布特征直接影响实体经济效率。本书将空间因素纳入保险业发展的分析框架中，分析中国保险业空间集聚特征，重点研究规模经济、空间成本、资源禀赋等因素对保险业空间集聚的作用机理，同时考虑地理距离相邻近的城市间的互动关系，通过建立空间计量模型来实证检验和解释中国保险业空间集聚演进动因和经济增长效应。

责任编辑：刘　翯　　**责任校对**：谷　洋

封面设计：红石榴文化·王英磊　　**责任印制**：孙婷婷

中国保险业空间集聚及其溢出效应分析

孟祥艳　著

出版发行：知识产权出版社有限责任公司　　**网　　址**：http：//www. ipph. cn

社　　址：北京市海淀区气象路 50 号院　　**邮　　编**：100081

责编电话：010－82000860 转 8119　　**责编邮箱**：liuhe@ cnipr. com

发行电话：010－82000860 转 8101/8102　　**发行传真**：010－82000893/82005070/82000270

印　　刷：北京九州迅驰传媒文化有限公司　　**经　　销**：各大网上书店、新华书店及相关专业书店

开　　本：880mm×1230mm　1/32　　**印　　张**：8. 125

版　　次：2021 年 1 月第 1 版　　**印　　次**：2022 年 2 月第 2 次印刷

字　　数：182 千字　　**定　　价**：69. 00 元

ISBN 978－7－5130－7325－7

出版权专有　侵权必究

如有印装质量问题，本社负责调换。

前 言

作为金融业的重要组成部分，保险业在我国金融系统中的作用不断得到提升，保险具有经济补偿、资金融通和社会管理等功能，保险的渗透与服务能力对于提高城市居民保障水平、稳定和促进城市经济发展发挥着重要作用，而我国保险业发展在区域间存在明显差异，这对区域经济协调发展产生较大影响。城市群是我国保险业需要重点布局和发展的区域，城市群核心城市往往是资金流、信息流、技术流等的交汇点，其与周围地区存在密切的垂直和横向产业联系。优化配置城市群之间的保险资源，充分发挥城市群的集聚效应和协同效应，对于区域保险业协调均衡发展至关重要。本书对揭示城市群保险业发展的分布演进规律，以及促进区域金融协同发展具有重要意义。

金融集聚现象由外部规模经济自我强化而产生，金融资源在地理空间上形成要素集聚和功能集聚。我国金融资源在区域上具有非均质特征，城市群间金融业综合发展水平差异明显，省域间金融集聚存在空间依赖性。在这一背景下我国保险业空间集聚演进机制如何，各城市群保险业发展的空间差异及其集聚趋势怎样，保险业空间集聚主要受哪些因素驱动，如何通过调整保险业发展策略来提升保险业空间集聚的溢出效应？深入研究上述问题对揭示我国保险业空间集聚规律以及实现区域金融协同发展具有重要的学术和现实意义。本书重点分析中国保险业空间集聚演进机制，并将空间因素纳入保险业发展的分析框架中，从理论和实证角度研究中国保险业空间集聚特征、演进动因及其经济增长效应。本书进一步拓展了保险业发展的研究范围，丰富和完善了保险学、保险业空间理论的框架体系，提高了保险业发展理论对现实保险业集聚现象的解释能力。此外，在实践应用方面，我国保险业的区域差异问题已受到越来越多的关注，本书揭示了我国保险业空间集聚发展规律，可为我国保险监管政策制定、区域保险经营管理以及金融协调发展等方面提供依据。

全书分为 8 章，第 1 章为导论。该章从保险业发展、保险业发展区域差异、保险业空间集聚以及保险业发展与经济增长的关系等方面对国内外文献进行归纳总结和述评，提出本书将要研究的问题。第 2 章为保险业空间集聚的理论基础与分析工具。该章以非均衡发展理论为基础，阐述新经济地理学的理论发展和核心思想，以及金融地理学理论的内涵和主要观点。第 3 章为我国保险业发展与保险业空间集聚的演化机理。该章对我国保险业空间集聚的特点、影响因素以及演化机制等方面进行分析，重点建立保险业空间集聚模型，分析我国保险业空间集聚的主要动因。第 4 章为我国保险业空间差距及集聚演进分析。该章运用空间基尼系数及其分解方法和 kernel 密度估计方法分析我国九大城市群保险业的空间分布特征。第 5 章为我国保险业空间集聚及空间收敛性分析。该章分别从保费收入、保险深度、保险密度以及保险业集聚指数指标4个不同角度分析我国保险业空间集聚演化机制和空间转移路径。第6章为我国保险业空间集聚演进动因分析。该章考虑保险信息、规模经济、本地市场以及政府参与等因素，建立空间杜宾模型分析保险业空间集聚过程中的空间溢出效应。第7章为我国保险业空间集聚对经济增长的影响分析。该章在空间相关性检验和模型选择检验基础上，分别考察在不同地理距离阈值和九大城市群下我国保险业空间集聚对经济增长的空间溢出效应。第8章为研究结论和政策建议。该章归纳总结我国保险业空间集聚的特点和形成条件，阐释我国保险业空间集聚、空间收敛性的主要影响机理和影响因素，给出我国保险业空间集聚演进模式及其经济增长效应等结论，并在此基础上提出相关对策建议。

目　录

第 1 章　导论

1.1　研究背景和研究意义

1.1.1 研究背景

大量实践经验表明，经济发展水平相似的地区或城市会出现空间分布上的集聚现象，这种集聚效应能够对区域经济差异产生直接影响，经济发达城市能够带动周边城市经济快速发展，而经济欠发达城市对周边城市支持则不足。现阶段，我国金融产业集聚现象也越来越普遍，如北京金融街、上海浦东金融区等地区，集中了大量金融资源和金融机构。保险业集聚能够增强金融体系内部竞争和内部资源配置效率，有利于形成互补和竞争并存的多元化储蓄投资渠道。作为风险转移和损失补偿服务的提供者，保险业集聚不仅能够促进城市间基础设施共享和要素流动，有利于保险机构信息交流和业务往来，而且有利于提高保险机构的风险识别和测度能力，提高对周边城市金融资源的优化配置能力，推动区域经济增长。在区域经济发展过程中，我国区域经济发展的不平衡问题凸出，东部沿海城市经济发达，三大经济圈（京津冀、长三角和珠三角）已成为我国经济最发达的地区，如长三角地区的上海、南京、杭州等发达城市，京津冀地区的北京和天津以及珠三角地区的深圳和广州，其经济发展水平较高，金融资源相对集中，金融业发达。而中西部大部分城市的金融业发展相对滞后，金融资源较为匮乏。

作为金融业重要组成部分，保险业在我国金融系统中的作用不断得到提升，保险具有经济补偿、资金融通和社会管理等功能，它涉及责任保险、农业保险、养老和医疗保险等多个方面，保险的渗透与服务能力对于提高城市居民保障水平、稳定和促进城市经济发展发挥着重要作用，而我国保险产业发展在区域间存在明显差异，这对区域经济协调发展产生了较大影响。

作为我国经济发展格局中最具活力和潜力的核心地区，城市群是我国保险业需要重点布局和发展的区域，城市是金融发展的重要载体，城市群核心城市往往是资金流、信息流、技术流等的交汇点，其与周围地区存在密切的垂直和横向产业联系。优化配置城市群之间的保险资源，充分发挥城市群的集聚效应和协同效应，对于区域保险协调均衡发展至关重要。近几年我国保险业发展迅速，2015 年全国保费收入达到 2. 4 万亿元，北京、广东、江苏、山东、浙江、上海、河北、河南以及四川等地区保费收入超过千亿元，各地区保费收入增势明显。2015 年全国保险密度达到 1766 元/人，全国保险深度为 3. 59%。截至 2016 年年末，我国东部、中部、西部以及东北地区内保险公司总部数量分别为 146、7、12 和 8，辖内分支机构数量分别为 769、359、500 和 195，我国区域保险机构扩张迅速，区域保险业集聚现象明显。与此同时，我国城市群保险业发展呈现出明显空间差异，以九大城市群为例，2015 年，在保险密度方面，前三名城市群为珠三角城市群（2558 元/人）、辽中南城市群（2348 元/人）和长三角城市群（2329 元/人），后两名为长江中游城市群（1246 元/人）和北部湾城市群（1112 元/人）。在保险深度方面，京津冀城市群（3.96%）、成渝城市群（3.51%）和中原城市群（3.4%）分列前三名，而长江中游城市群（2.61%）和北部湾城市群（2.52%）排名相对靠后。其中，北京保险深度为 6.11%，居全国首位，成都、保定、上海、东莞、石家庄、郑州、阜阳、运城、海口等城市相对较高，其值均超过 4.5%，而防城港、崇左、铜陵、钦州、岳阳、芜湖、汕尾、新余、松原等城市保险深度较低，其值均不足 2%，保险业发展在各城市群间差异显著。我国各城市群保险业发展的分布动态演变有何特征？其空间集聚趋势如何？地区间保险业发展存在何种空间集聚模式和收敛机制？我国保险业空间集聚的内在动因和作用机理如何？深入研究上述问题对于揭示城市群保险业发展的分布演进规律，以及促进区域金融协同发展具有重要意义。

1.1.2　研究意义

在理论意义方面，本书基于新经济地理学自由资本模型（FC 模型）建立保险产业空间集聚模型，从理论阐述和实证检验角度深入分析我国保险业集聚特征和规律，本书将空间因素纳入保险业发展的分析框架中，探究影响我国保险业空间集聚的动因及其经济增长效应，这拓展了保险业发展的研究范围，丰富和完善了保险学、保险空间理论的框架体系，进一步提高了保险业发展理论对现实保险业集聚现象的解释能力。

在实践应用方面，我国保险业的区域差异问题已受到越来越多的关注，本书通过分析中国保险业空间集聚的特征、内在动因及其经济增长效应，揭示出我国保险业空间集聚发展的特殊规律，这不仅对我国保险业的可持续发展以及保险与经济的协调发展具有较强的现实意义，而且还为我国保险监管政策制定、区域保险经营管理以及金融协调发展等方面提供依据。

1.2　相关研究文献及述评

本书主要从保险业发展、保险业发展区域差异、保险业空间集聚以及保险业发展与经济增长关系等方面对国内外文献进行归纳总结和述评。

1.2.1　关于保险业发展的研究

关于我国保险业发展研究，一部分文献集中于区域保险业发展水平的研究，如朱俊生（2005）等采用主成分分析方法评估我国各省区保险业发展水平，并对四类地区的保险业发展水平进行实证研究，分析了我国保险空间布局不合理的内在原因，在此基础上提出统筹保险区域发展，进一步优化空间布局等相关建议[1]。王金铎（2006）阐述了区域保险业发展的理论基础以及区域保险业发展相关理论，对我国保险业的区域发展、省域发展与差异进行了分析，并提出了我国区域保险协调发展的政策选择[2]。薛伟贤和王强（2008）在协同论理论基础上建立协调度模型，并依据此模型计算了2001—2005年我国区域保险经济协调度，发现样本期间内我国部分省份保险经济发展处于低度失调[3]。郑伟等（2010）在已有的传统方法基础上提出适用于保险业国际比较的新范式，构建“基准深度比”指标，并提出保险业增长结构“三分法”。认为与传统指标计算结果相比，基于“基准深度比”指标下的新兴发展中国家的保险业增长水平有显著提高，发达国家的保险业增长水平显著降低。此外，在增长结构方面，新兴发展中国家的保险业增长关键在于制度要素，而发达国家主要依靠经济要素拉动[4]。胡宏兵等（2012）基于协同论和保险理论，通过构建综合协调度模型分析我国2005—2010年保险业发展与社会经济的协调度，研究认为我国各省份在大部分年份中保险经济协调度处于低度失调状态，而在保险经济协调度方面，中部和西部地区要高于东部地区[5]。

另一部分文献集中于保险业发展的影响因素分析，如Hwang和Greenford（2005）分析了中国大陆、香港及台湾地区人寿保险（以下简称寿险）需求的主要影响因素，研究认为收入和教育是影响寿险需求的主要因素，而价格、社会保障水平对寿险需求的影响并不显著[6]。张伟等（2005）采用协整检验和格兰杰因果关系检验等方法进行中国保险业发展的影响因素及地区差异分析，结果表明经济开放程度差异、经济发展水平差异、社会保障水平差异以及人们的风险意识差异是地区间保险业发展不平衡的主要原因[7]。陈华和齐红梅（2008）认为我国区域保险业发展主要受市场供给、环境以及市场需求三大因素影响，实证检验表明居民可支配收入、GDP、城乡居民储蓄存款余额以及社会保障福利费与保费收入存在因果关系[8]。吴祥佑（2009）运用多元离差模型、格兰杰因果关系检验以及逐步回归法等方法进行我国省域保险业发展影响因素分析。结果表明，经济发展水平差异、保险经营主体数量差异是我国省域保险业发展不平衡的主要原因[9]。锁凌燕等（2015）以 2004—2013 年中国 31 个省、市、自治区为研究对象，通过构建健康保险业发展指数来衡量健康保险区域发展水平，结果表明经济水平、医疗卫生资源、教育水平以及预期寿命等因素对健康保险的发展起重要作用[10]。

1.2.2 关于保险业发展区域差异的研究

已有较多文献集中于关于保险业发展区域差异研究，一部分文献对我国区域间保险业发展差异特征进行分析。如徐哲和冯喆（2005）针对我国保险市场区域不均衡性特征，采用统计分析方法进一步研究了我国保险市场区域不均衡性与经济发展区域不均衡性间的关系[11]。郑伟和刘永东（2008）从“保险基准深度比”角度发现我国保险业的区域发展较为均衡，并认为保险公司区域布局在东部地区应采取差异化市场竞争策略，而不应简单地优先考虑中西部地区[12]。肖志光（2009）采用标准差系数测量保险市场发展水平的地区差距，认为在样本期（1989—2008 年）内，地区间保险市场发展水平差距扩大，地区间保险需求弹性差异以及保险市场发展水平的不协调性是地区差距扩大的主要原因[13]。蒋才芳（2009）通过引入保险业绩指数分析各地区保险业发展业绩水平，并进一步探讨各省、市、自治区区域保险业发展差异[14]。沈扬扬（2012）研究发现，以保险密度指标为标准，我国区域保险业的发展呈现 σ 收敛、β 收敛以及跨越式增长态势，地区间差距是造成我国保险业发展差距的主要来源。以保险深度为标准，我国区域保险业的发展呈现发散态势[15]。李春燕（2013）运用基尼系数及其分解方法研究我国保险业发展的空间非均衡及极化状况，研究认为样本期间产险与寿险的空间非均衡演变特征不同，这主要是由区域间差异引起的[16]。钟水映等（2016）以我国 31 个省、市、自治区（1997—2014 年）的面板数据为研究对象，运用不同计量方法分析我国保险业发展水平的空间格局，研究发现，我国保险业整体发展水平不断提高，其总体差距呈下降趋势，而超变密度和地区间差距是其总体差距的主要来源，组间不同水平状态的流动性较低[17]。

也有部分文献重点研究了导致我国区域间保险业发展差异的影响因素。如黄薇（2006）认为地区间保险业发展不平衡主要是由经济发展水平差异、市场主体发展差异以及产业结构优化程度差异引起的，并指出我国区域保险协调发展规划应向中西部地区倾斜[18]。钱振伟等（2010）从产业经济学和资源配置等理论视角出发，研究了西部地区保险业发展与地方政府干预的关系，并以云南省为例进行分析，认为除了经济发展滞后外，导致西部地区保险业发展落后的重要原因在于地方政府干预缺位，在此基础上提出了地方政府有效干预保险市场的相关对策[19]。吴洪和赵桂芹（2011）基于Shapley值的分解方法，认为保险业发展区域差距在1998—2008年呈现阶梯式收敛过程，保险业发展区域差异影响因素主要包括区域禀赋、经济发展水平、市场化程度、市场竞争程度以及教育发展水平等方面，而区域禀赋是其中的最主要影响因素[20]。

1.2.3 关于保险业空间集聚的研究

近几年，金融产业集聚问题已成为目前相关领域的研究重点和方向，越来越多学者开始关注和研究保险业集聚发展等问题。

作为金融产业集聚理论研究的基础，产业集聚理论最早出现在Marshall的《经济学原理》中，学者Porter（1990）从国家竞争优势的角度分析了产业集聚对国家竞争优势的影响[21]。Krugman通过建立经济模型进一步阐述了产业集聚原因，认为需求、外部经济以及产业本地化是主要原因，并提出新经济地理学理论，这为金融地理学发展和金融产业集聚问题的研究奠定了基础。Kindleberger（1974）基于规模经济视角分析金融产业集聚现象，认为外部规模经济自我强化在金融产业集聚过程中起到重要作用，金融关联机构在地理空间上集聚使得企业间业务的合作与交流更加频繁，通过共享信息基础设施等途径有效加快了信息和知识的流动，降低了企业成本，提高了企业盈利能力[22]。Gehrig（2000）基于市场摩擦理论，研究认为区域金融活动的空间地理集聚与其相邻区域金融活动的分散趋势并存[23]。潘英丽（2003）分析了金融中心的外部规模经济效应和产业聚集效应，并从企业区位选择理论解释了金融机构选址决策依据，认为地方政府可以从地区成本、电信设施、人力资源以及监管制度四个方面吸引金融机构空间聚集[24]。刘军等（2007）从金融功能和金融扩散等角度研究了金融产业集聚促进经济增长的影响机制，认为金融主要有风险管理、储蓄集聚、公司治理以及信息揭示等功能，金融扩散效应涉及涓流效应和极化效应两方面，金融产业集聚效应体现在自我强化机制效益、创新效益、外部规模经济效益以及加速技术进步效益等方面[25]。林江鹏和黄永明（2008）在综述国内外金融产业集聚研究现状的基础上，阐述了金融产业集聚的内涵，重点分析了金融产业集聚对区域经济发展的作用机理，并就我国金融中心城市建设分析了其金融产业集聚状况[26]。

在关于金融产业集聚问题的实证检验方面，任英华等（2010）以我国28个省、市为研究对象，通过空间计量模型分析金融产业集聚影响因素，认为我国金融资源在区域上具有非均质和不连续特征，金融产业集聚在省域间存在较强的空间依赖性和空间溢出效应，其中，区域创新和经济基础对金融产业集聚产生显著的正向促进作用，对外开放程度的促进作用随着时间的推移逐渐减弱[27]。丁艺等（2010）从银行、保险和证券三方面分析中国金融产业集聚程度，实证检验表明金融产业集聚对我国经济增长具有正向影响作用，且银行业集聚对经济增长作用最为显著[28]。李伟军（2011）结合金融学、信息经济学以及区域经济学等相关理论，以长三角城市群为例，分析中国金融产业集聚的主要因素，实证检验认为信息基础设施和地区行政层级是金融产业集聚的主要因素，金融产业集聚还受地区人均收入、消费水平以及国际贸易程度等影响，固定资产投资对金融产业集聚具有“挤出效应”[29]。刘维峰和黄解宇（2012）实证研究发现，由于金融资源趋于向东部地区转移，使得总体上我国金融产业集聚程度具有上升特征，金融产业集聚对区域经济增长具有长期促进关系[30]。豆晓利（2013）通过空间计量方法分析我国金融产业集聚的空间效应，并就金融产业集聚对区域经济增长的影响作用进行研究，认为我国金融产业集聚存在明显的空间地理特征，呈现出显著的溢出效应，其中银行业的溢出作用要大于保险业和证券业[31]。张浩然（2014）基于空间溢出视角，以我国 2003—2011 年城市数据为研究对象，研究金融产业集聚对本地和临近城市经济绩效的影响，检验结果表明城市金融产业集聚有利于本城市全要素生产率提高，且存在显著外溢效应，但金融产业集聚溢出的空间范围有限[32]。刘恒怡（2014）以 1978—2011 年我国银行业、证券业和保险业的相关数据为研究对象，采用符号数据分析方法研究我国金融服务业集聚演化路径，结果表明我国金融服务业存在较为明显的集聚特征，形成东部沿海和中西部两大集聚区域[33]。李广子（2014）以 214 家中小银行为研究对象，分析跨区经营对中小银行绩效的影响，研究发现跨区经营对中小银行的盈利能力和资产质量产生负面影响，跨区经营使得中小银行绩效变差，跨区机构与总部间的平均距离越远，其经营绩效就越差，而在经济发展水平较高地区进行跨区机构的分布有利于改善跨区经营绩效[34]。

此外，张辉等（2016）在新经济地理学研究框架下，从理论分析角度阐述了金融空间分布对产业集聚的影响机制，认为随着金融异质性程度与金融信息扩散强度提高，区域间金融协作能力增强，金融服务的溢出效应得到提升，在此基础上通过我国省级面板数据对理论分析进行了相关的实证检验[35]。李延军等（2016）分析了京津冀区域金融产业集聚对经济增长的空间溢出效应及影响路径，研究认为京津冀区域金融产业集聚的空间溢出效应显著，这种空间溢出效应主要源自金融产业集聚所产生金融效率的提高[36]。张浩然（2016）以我国263个地级市为样本，分析了金融服务业的集聚程度及其演变的影响因素，研究认为金融服务业表现出向核心城市集聚的趋势，本地市场效应、经济发展水平、信息基础设施水平在金融服务业区位选择和定位中起着重要作用[37]。于斌斌（2017）基于空间溢出视角分析了金融产业集聚对产业结构升级的影响。结果表明，金融产业集聚对产业结构升级的促进效应和空间溢出效应主要体现在东部和中部地区，在西部地区并不显著。在特大城市和大城市样本中，金融产业集聚对产业结构升级具有显著的正向促进作用和空间溢出效应。而在小城市样本中，金融产业集聚不利于产业结构升级，且空间效应不显著[38]。

综上所述，金融产业集聚现象因外部规模经济自我强化而产生（Kindleberger，1974）[60]，金融资源在地理空间上形成要素集聚和功能集聚（刘军等，2010）[39]。金融地理学中信息流理论是研究金融产业集聚内在动因的主流学派，分析了金融活动空间上的集聚与分散（Porteous，1995；Zhao，2003）[40][41]。车欣薇等（2012）学者从金融资源流动性、金融创新等方面分析金融产业集聚与扩散现象[42]。我国金融资源在区域上具有非均质特征，省域间金融空间集聚存在空间依赖性和空间溢出效应（任英华等，2010）[43]，而这种空间溢出效应与地理距离呈负相关（余泳泽等，2013）[44]，金融产业集聚主要通过知识溢出、资本深化以及产业升级等途径对周边地区产生辐射效应（王弓和叶蜀君，2016）[45]。城市群间金融业综合发展水平差异明显，这与地区保险密度和金融发展效率关系密切（刘辉等，2013）[46]。

而关于保险业空间集聚方面，相关研究文献相对偏少。吴祥佑（2009）研究认为，省际保险密度发展具有空间正相关性和空间异质性特征，保险密度在中部地区朝向唯一中心收敛，而东部和西部地区呈多中心收敛态势，“子群体”集聚现象明显[47]。田乾和金怀玉（2016）运用 Moran 指数研究我国各地区保险业发展的空间集聚特征，结果表明，保险业发展水平中西部地区明显低于东部地区，我国各省域保险业发展表现出较为显著的空间集聚特征，东部地区以“高—高”集聚型为主，而西部地区以“低—低”集聚型为主[48]。李林等（2011）研究认为中国金融空间集聚存在空间相关性，而相比于银行业和证券业，保险业集聚的空间相关性最为明显[49]。谭朵朵（2011）运用空间计量模型对我国 31 个省市、自治区的保险业发展进行分析，研究认为我国省际保险业发展在空间分布上具有显著空间正自相关性，经济发展水平高、教育水平高、人口抚养状况好、产业结构佳以及社会保障水平高对省域保险业的发展产生显著的正向促进作用[50]。徐晓光等（2015）以深圳经济特区为例，运用 Granger 因果检验和回归分析等计量方法分别考察银行、证券、保险和基金四个主要金融行业对特区经济转型的溢出效应分析，结果表明深圳基金业集聚程度最高，银行业和保险业集聚程度较低，银行业集聚对深圳经济转型的溢出效应影响不显著，而保险业集聚对经济转型产生显著的溢出效应[51]。黄琦和陶建平（2016）利用2004—2013年农业保险统计数据，运用空间计量分析方法分析农业保险业发展的空间收敛性。结果表明农业保险业发展具有明显的“二元结构”特征，区域间农业保险业发展存在相互作用，在空间上聚集特征显著，区域农业保险业发展具有稳态收敛性质，这主要源于农业保险业发展的空间溢出效应[52]。

此外，查阅国外相关文献发现，较多研究文献集中于空间地理位置对金融产业集聚发展的影响作用。如 Pandit 和 Cook（2003）着眼于产业集聚角度，认为金融产业集聚有利于金融机构获取知识溢出、良好声誉以及客户等资源[53]。Agarwal 和 Hauswald（2010）研究了地理距离在信贷市场中的影响，借贷双方在地理距离上的接近有利于非标准化信息的收集和信息质量的提高，缓解了企业的融资约束[54]。Lee（2010）认为基础设施水平和金融发展环境对于金融发展具有重要影响[55]。Matteo 等（2013）研究发现，贷款企业与金融机构间空间距离的增加对信贷可获得性产生负面影响，距离增加使得金融机构筛选与监督客户的成本提高了[56]。Karreman 和 Knaap（2012）以及 Pasquale 等（2013）分析了金融产业集聚地区在信息、技术以及人才等方面的吸引力和竞争力[57][58]。Milani（2014）研究了借贷双方的地理距离对企业贷款违约率的影响，认为地理距离与信息收集质量成反比，而硬信息能够降低地理距离所产生的不利影响，这对金融业空间分布和经营效率具有重要意义[59]。Degl'Innocenti（2017）研究发现地理位置对金融机构效率产生重要影响，与金融产业集聚中心距离越远，其效率就越低[60]。

1.2.4 关于保险业发展与经济增长关系的研究

学者们就保险业发展与经济增长关系问题开展了大量理论和实证相关研究。在理论研究方面，Webb 等（2002）通过修正新古典 Solow - Swan 模型认为，保险业发展通过投资变动影响投资水平和投资产出，进而促进经济增长[61]。Peter 和 Kjell（2008）以 29 个欧洲国家 1992—2005 年的相关数据为对象研究保险业发展与经济增长的关系，研究认为寿险发展对经济增长产生了积极影响[62]。刘晴辉（2008）通过世代交叠的内生经济增长框架研究保险（财产险和人身险）发展对经济增长的影响机理，认为保险业发展所产生的储蓄结构效应增加了非流动性资产投资，形成资本和知识的积累，进一步促进内生经济增长[63]。赵尚梅等（2009）通过两部门模型分析了保险业发展对经济增长的影响机制，认为保险业发展能够促进经济增长，且对其他部门产生溢出效应[64]。周海珍（2008）通过内生经济增长模型分析保险业发展与经济增长间关系，认为保险业发展提高了储蓄 - 投资转化效率，保险业发展能够显著推动经济增长[65]。

国内关于保险业发展与经济增长关系的理论研究起步

较晚，大量文献集中于实证研究方面，两者关系的研究可大致归纳为以下两类：一是关于保险业发展与经济增长的因果关系检验。如栾存存（2004）、饶晓辉和钟正生（2005）、Kugler和Ofoghi（2005）等学者使用向量自回归（VAR）模型或格兰杰因果关系检验等方法分析两者之间的因果关系，检验结果表明保险业发展与经济增长间的作用关系并非完全一致[66][67][68]。Ward与Zurbruegg（2000）以9个国家1961—1996年的相关数据为研究对象，采用VAR模型和误差修正模型分析保险业发展与经济增长之间的关系，认为在大部分国家中保险业发展是经济增长的格兰杰原因，仅在极少数国家中存在相反结果[69]。胡宏兵和郭金龙（2010）运用Bootstrap仿真方法分析我国保险业发展与经济增长之间的因果关系，实证结果表明样本数据在1992—2008年，我国保险业发展与经济增长存在着双向因果关系[70]。Cristea等（2014）以罗马尼亚国家数据为研究对象，分析了保险与经济增长之间的关系，研究认为以保险普及率衡量的保险市场与以人均GDP衡量的经济增长的程度之间存在着高度的相关性[71]。

二是关于保险业发展对经济增长促进作用的研究。Skipper（1997）研究认为保险业发展及其结构调整有利于经济增长[72]。Enz（2000）认为由于保险业在金融业中的占比较小，学者们关于保险业对经济增长影响作用的观点还未达成一致，Enz研究发现保险业对经济增长的影响作用受制于本地区经济发展程度[73]。Arena（2008）以55个国家1976—2004年的相关数据为研究对象，利用广义矩法（GMM）建立动态面板数据模型分析检验保险（寿险和非寿险）市场活动与经济增长之间是否存在因果关系，研究认为寿险和非寿险对经济增长均表现出稳健且显著的正向因果关系[74]。任燕燕和徐晓艳（2008）以我国31个省、市、自治区数据为研究对象，实证检验结果表明我国保险业发展与经济增长间存在因果关系，且经济增长对保险业发展的促进作用明显大于保险业发展对经济增长的推动作用[75]。庞楷（2009）研究认为，财产保险深度对经济增长产生正向促进作用，而人身保险深度对经济增长的影响作用不明显[76]。赵进文等（2010）通过非线性STR模型和门限效应模型检验了我国保险消费的经济增长效应，结果表明我国当前保险消费的经济增长效应具有明显阶段性和非线性特征，寿险和非寿险消费对区域经济增长产生双重门限效应，且区域寿险消费的正向经济增长效应更大[77]。

沈坤荣和魏锋（2010）以1998—2008年中国各地区保险市场数据为例，通过FGLS估计方法分析认为，整体保险业发展的经济增长效应随着经济发展水平提高而显著增强，金融发展水平差异使得保险业发展与经济增长间存在倒U形关系，人身险市场对经济增长起到正向促进作用，但财险市场对经济增长产生不利作用[78]。张颖等（2010）研究认为我国保险业发展与经济增长存在顺周期性质，两者扩张方向基本一致，保险业发展与经济增长间具有相互促进作用，保险业发展主要通过供给导向模式推动经济增长[79]。黄英君和陈晔婷（2012）通过VAR模型研究1982—2010年中国保险业发展与经济增长的关系，认为我国保险业发展对经济增长的促进作用微弱，而我国经济增长能够有效促进保险业发展[80]。邵全权（2012）在扩展索洛增长模型中纳入保险部门和实际经济部门，从理论角度阐述保险业发展与经济增长间关系，并以中国31个省、市、自治区1999—2008年相关数据为研究对象，运用3SLS方法和GMM进行实证计量检验，分析认为保险业在从垄断向竞争发展过程中能够有效推动经济增长，且保险业与其他行业的相互作用使得其促进经济增长方式具有明显区域差异[81]。邵全权（2013）以1999—2010年我国各省份寿险业的面板数据为例，通过面板门槛回归模型实证检验寿险业发展与经济增长间关系，认为寿险业发展的影响作用呈现双重门槛特征，保险密度和人均GDP达到更高值时，寿险业发展对经济增长的促进作用程度就会得到明显提高，而寿险深度超过一定门槛值后，寿险业的促进作用程度就会降低[82]。吴永钢和李政（2013）基于金融协同视角，通过面板平滑转换（PSTR）模型分析我国保险业发展的经济增长效应，结果表明无论是我国整体保险市场，还是人身保险市场或财险市场，保险业发展的经济增长效应存在机制转移特征，其主要依赖于区域金融发展水平[83]。杨新顺等（2017）基于2006—2015年我国省级面板数据，通过建立空间杜宾模型研究保险业发展对经济增长的影响机制，研究认为样本研究期间保险业发展对实体经济增长产生正向促进作用，保险业发展存在显著负向空间溢出效应，而银行业对实体经济增长产生显著负向作用，但其具有正向空间溢出效应[84]。

综上所述，在已有的关于保险业发展与经济增长关系的研究中，相关理论阐释方面大多以静态模型分析为主，而关于保险业发展与经济增长间的动态作用机制研究相对较少。在实证方面，大多数相关研究在检验保险业发展与经济增长时并未考虑到区域差异，且关于计量模型设定以及内生性问题等方面缺乏讨论。绝大部分文献表明，区域保险业均衡发展对我国区域经济增长起到显著正向促进作用，随着我国保险业发展迅速，其对经济发展的影响日益增强，深入分析和探究我国区域保险业发展状况既可以为我国保险业发展提供理论依据，还可以为实现区域经济均衡发展提供指导和参考。

1.2.5 文献述评

区域地理特征在传统保险业发展理论和研究过程中往往被忽略，导致无法从根本上解释金融区域化现象。相对而言，国内学者关于金融产业集聚理论的探讨和分析相对较少，特别是保险业，尽管已有较多文献集中于关于保险业发展的区域差异、保险业发展与经济增长关系的研究，但针对保险业集聚形成的特征、演化路径以及动因等方面的研究还比较分散，缺乏系统理论和经验分析的支撑。

不难发现现有的文献存在以下三个问题：其一，以往国内文献更偏重于金融产业集聚与经济增长、保险业发展与经济增长、保险业区域非均衡发展及其比较等方面的研究，在实证研究方面，大多数文献多采用区位熵、泰尔指数以及基尼系数等指标来衡量金融业发展或保险业发展区域间的差异，并未考虑空间距离或空间位置对保险业集聚的影响。多数文献将金融业作为一个整体进行考察，国外关于区域保险与经济增长的研究多集中于保险需求供给的微观因素分析，多数文献并未涉及保险业空间集聚发展状况。但从微观角度来看，城市间保险需求与供给的差异造成了城市保险空间差异，保险业集聚属于空间范畴问题，在各城市群不同条件和环境作用下，保险市场主体行为选择的差异或相关性可能将会使各城市群保险业集聚呈现出不同的发展特征，而大多数相关研究忽略了空间因素。如已有学者运用Markov链方法进行保险业发展水平状态的转移分析（钟水映等，2016）[17]，但其并未考虑空间因素，即不同空间单元的邻域水平对其本身保险业发展水平状态转移的影响。其二，考虑到保险业集聚过程中的空间特征，一些实证检验并未将这种空间特征考虑在内，尽管已有相关文献表明我国省域保险业发展过程中存在空间相关性（吴祥佑，2009[9]；谭朵朵，2011[50]；李林等，2011[49]），但对其背后所涉及的“关于我国保险业空间集聚的动因及其溢出效应研究”等问题还未进行深入探讨。其三，金融中心的集聚效应与扩散效应往往以城市为载体，而绝大多数文献基于省级数据进行研究，尺度偏大，受制于我国区域金融市场分割的影响，所得结论的实效性和准确性有待进一步完善。

通过归纳已有文献，得出保险业集聚过程具有空间特性，关于区域保险业集聚及其差距等问题的研究有必要将空间特征考虑在内。随着空间计量经济学的发展和应用，空间计量经济学模型已被广泛应用于区域经济增长集聚及其差异等领域的研究（吴玉鸣，2006；2007）[85][86]。近几年，空间计量经济学模型已成为研究金融产业集聚等相关问题的重要分析工具，这为本书研究保险业空间集聚动因及其空间效应提供了方法依据。

1.3 研究思路和逻辑框架

1.3.1 研究思路

首先，本书以非均衡发展理论、金融地理学理论和新经济地理学为理论基础，并在自由资本模型（FC模型）基础上建立垄断竞争下保险业空间集聚模型，从规模报酬递增性、垄断竞争性、空间交易成本以及要素流动特征等方面对我国保险业空间集聚的特点、影响因素以及演化机制等方面进行分析。其次，以九大城市群为例，分析我国保险业空间差距及集聚演进特征，分别以保费收入、保费深度、保费密度以及保险业集聚指数指标从不同角度分析全国和九大城市群保险业空间集聚演化机制及空间收敛性。最后，研究规模经济、空间成本、资源禀赋等因素对保险业空间集聚的作用机理，同时考虑地理距离相邻近城市间的互动关系，通过建立空间计量模型来实证检验和解释中国保险业空间集聚演进动因和经济增长效应。

1.3.2　逻辑框架

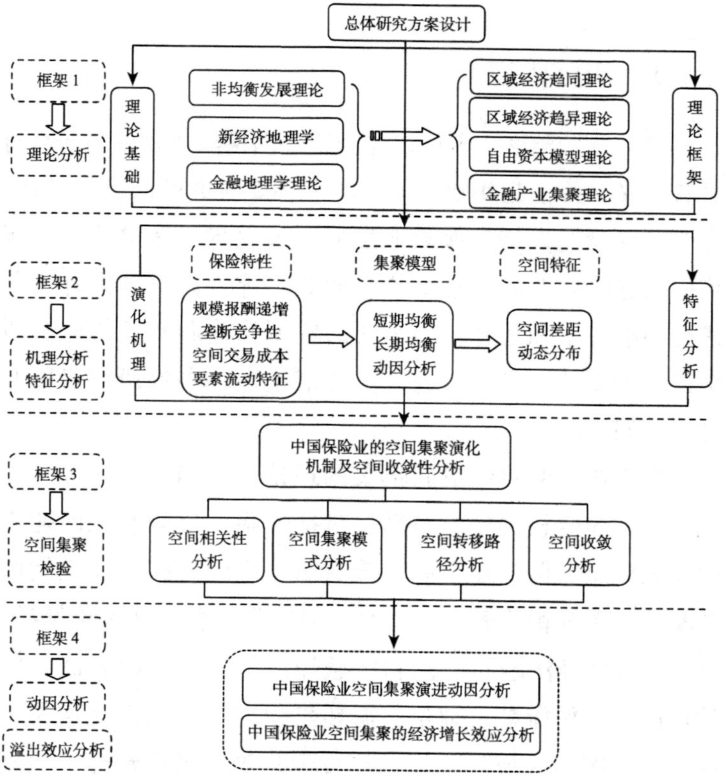

图 1－1　技术路线图

1.4 研究内容与研究方法

1.4.1 研究内容

第1章，导论。本章首先介绍我国保险业发展的研究背景和意义，并在此基础上提出本书将要研究的问题。其次，主要从保险业发展、保险业发展区域差异、保险业空间集聚以及保险业发展与经济增长的关系等方面对国内外文献进行归纳总结和述评，为下文的模型构建和实证检验分析提供理论支持。最后，进一步详细论述本书的研究思路和逻辑框架。

第2章，保险业空间集聚的理论基础与分析工具。首先，本章界定相关概念范畴，包括保险业空间与保险业空间集聚概念、保险业空间集聚特点、空间差距以及空间收敛及其关系等相关概念。其次，阐述非均衡发展理论基础，重点从区域经济趋同理论和区域经济趋异理论两方面（收敛理论、不平衡增长理论、循环累积因果理论以及增长极理论等）阐述区域经济非均衡发展理论。阐述新经济地理学的理论发展、理论框架和核心思想，重点介绍新经济地理学中的自由资本模型，并在此基础上阐述金融地理学理论的内涵和主要观点。最后，介绍本书在进行我国保险业空间集聚及其效应分析时所用到的主要工具和方法。

第3章，我国保险业发展与保险业空间集聚的演化机理。本章对我国保险业空间集聚的特点、影响因素以及演化机制等方面进行分析。一方面，以我国保险产业发展现状为基础，从规模报酬递增性、垄断竞争性、空间交易成本以及要素流动特征等方面分析我国保险业空间集聚的产业特性。另一方面，结合保险业发展特性，本书将自由资本模型（FC 模型）加以修改和完善，建立保险业空间集聚模型，分别讨论在对称条件下和非对称条件下保险业空间集聚的均衡状态和演进机制，并在此基础上阐述我国保险业空间集聚的主要动因。

第4章，我国保险业空间差距及集聚演进分析：以九大城市群为例。本章在分析九大城市群保险业集聚趋势基础上，运用空间基尼系数及其分解方法和 kernel 密度估计方法分析我国九大城市群保险业的空间分布特征。首先从保险业发展的两个角度——保险密度和保险深度出发，采用 Dagum 基尼系数及其分解方法分析我国九大城市群保险业发展的总体空间差距、地区内空间差距以及地区间差距，进一步说明我国不同城市群间保险业发展的演变趋势。其次，在此基础上，采用 kernel 密度估计方法研究九大城市群保险密度、保险深度以及保险业集聚的不均衡分布特征。

第5章，我国保险业空间集聚及空间收敛性分析：以九大城市群为例。首先，本章引用 ESDA 方法、LISA 马尔可夫链方法和空间马尔可夫链探究我国保险业空间集聚模式演化及其空间转移路径，即分别以保费收入、保险深度、保险密度以及保险业集聚指数指标从不同角度分析全国和九大城市群保险业空间集聚演化机制和空间转移路径。其次，以九大城市群 152 个地级市及以上地区为研究对象，在 σ 收敛检验基础上，将空间效应分别纳入绝对 β 收敛和条件 β 收敛，分析九大城市群保险密度和保险深度的收敛机制。

第 6 章，我国保险业空间集聚演进动因分析：以九大城市群为例。本章以我国九大城市群 152 个地级市及以上地区的保险业数据为研究对象，从保险信息、规模经济、本地市场以及政府参与方面分析保险业空间集聚的内在动因，并在空间相关性和模型选择检验的基础上，建立空间杜宾模型分析保险业空间集聚过程中的空间溢出效应。此外，本章基于威尔逊模型，进一步测度保险业集聚过程中的空间辐射半径。

第 7 章，我国保险业空间集聚对经济增长的影响分析。本章首先阐述保险业发展对经济增长作用的理论模型，分析保险业集聚对经济增长的影响机理。其次，在空间相关性检验和模型选择检验基础上构建动态空间杜宾模型，分别考察在不同地理距离阈值和九大城市群下我国保险业空间集聚对经济增长的空间溢出效应。

第 8 章，研究结论和政策建议。本章对第 2 章至第 7 章中所得出的主要研究结论进行归纳，并提出相关政策建议。

1.4.2 研究方法

本书在研究方法方面，将理论推导和实证检验相结合、静态分析与动态分析相结合以及定性分析与定量分析相结合，具体如下：

（1）文献研究方法。本书主要从保险业发展、保险业发展区域差异、保险业空间集聚以及保险业发展与经济增长关系等方面对国内外文献进行梳理和归纳，通过对相关文献的总结与评述，进一步熟悉本书主题的研究现状和发展方向，为后续研究奠定基础。

（2）比较分析方法。本书采用静态分析方法分析我国保险业发展的总体空间差距、地区内空间差距、地区间差距，以及城市群间差异的演变趋势，并进一步研究九大城市群保险密度、保险深度以及保险业集聚的不均衡分布特征。运用动态分析方法研究保险业集聚的空间转移路径以及进行保险业集聚的经济增长效应分析，并就保险市场发展程度差异、城市群间差异进行考察。

（3）定量分析方法。在实证分析过程中，采用统计分析方法研究对象所涉及的各类数量关系，以揭示其中的相互作用关系和发展趋势。一是采用 Dagum 基尼系数及其分解方法，分析我国九大城市群 2005—2015 年保险业发展的总体空间差距、地区内空间差距以及地区间差距，进一步说明我国不同城市群间保险业发展的演变趋势。采用 kernel 密度估计方法研究九大城市群 2005—2015 年保险密度、保险深度以及保险业集聚的不均衡分布特征。二是运用 ESDA 方法、LISA 马尔可夫链方法和空间马尔可夫链，探究我国保险业空间集聚模式演化及其空间转移路径，并结合 β 收敛模型分析九大城市群保险业发展的空间收敛机制。三是基于威尔逊模型测度我国保险业集聚的辐射半径，在空间相关性和模型选择检验的基础上，采用空间杜宾模型分析中国保险业空间集聚动因及其经济增长效应。另外，本书所用到的统计方法主要通过 GeoDa、Python 和 MATLAB 等软件实现。

第2章　保险业空间集聚的理论基础与分析工具

本章一方面界定相关概念范畴，重点阐述区域经济非均衡发展理论，主要从区域经济趋同理论和趋异理论两方面介绍。另一方面阐述新经济地理学的理论发展、理论框架和核心思想，以及金融地理学理论的内涵和主要观点，为下文分析奠定理论基础。

2.1　相关概念范畴界定

2.1.1　保险空间与保险业空间集聚

（1）保险空间内涵

在区域经济发展理论中，作为经济活动的空间组织实体，经济区域是指在一定地理空间范围内，具有相互联系的经济活动形成的经济空间单元。在此基础上，本书中所阐述的保险空间或保险区域可认为是在一定地理范围内，具有相互联系或关联的保险活动而形成的空间地理单元，它是保险活动空间组织的实际载体，保险活动离不开保险区域或单元，如果脱离保险区域或实际载体，保险业发展就无法存在。故本书中所讨论的保险业既具有其本身所存在的属性，同样也存在区域或空间单元的边界。

（2）保险业空间集聚内涵

金融产业集聚概念最早由 Kindleberger（1974）提出，金融活动倾向于向某一区域集中，在金融产业成长过程中，这种集聚趋势越发明显，逐渐形成外部规模经济效应，进而产生金融产业集聚现象。金融产业集聚过程可以理解为金融中心的发展路径和形成过程，在该过程中，大量金融机构或各种中介服务机构（银行、证券、保险、信托和基金等）集中于某区域或城市，使得金融市场能够以更低成本、更高效的方式运行。综合已有文献，金融产业集聚的含义可从两方面理解：金融机构集聚（过程）和金融功能集聚（结果）。一方面，金融机构（银行、证券、保险等）或金融中介服务机构（法律、会计、信息、咨询等）向某一区域或城市集中，并达到一定规模和集中度，形成金融机构集聚。另一方面，在金融机构集聚基础上，金融资源向特定区域流动，金融产业集聚区或金融中心的金融市场能够以更高的效率进行金融资源配置，充分发挥其对周边城市或区域经济的辐射效应。

本书认为，保险业空间集聚既包括保险基础要素、保险机构和业务以及保险功能等方面在时间维度上的集中或成长的动态变化过程，也包含经上述变化其在空间上的分布状态或结果，本书所研究的保险业空间集聚属于空间范畴问题。本书所涉及的“空间”“地理”以及“区域”概念具有同一性，保险业空间集聚与保险业区域集聚并没有本质区别。保险业空间集聚既包含产业概念，也包含空间概念，本书以不同区域保险业发展特征为切入点，包括区域或城市保险要素投入、保险机构数量以及相关保险功能等方面，进一步定量分析和揭示我国保险业空间集聚状态和变化态势。

2.1.2 保险业空间集聚特点、空间差距与空间收敛及其关系

（1）保险业空间集聚特点

保险业空间集聚特点主要包括异质性、时空性以及层次性三方面。

保险业空间集聚的异质性特征强调区域间保险业非均衡发展的客观性。非均衡发展是区域经济发展过程中存在的一般规律，由于我国各地区在要素禀赋、经济发展水平以及政策导向等方面存在差异性，非均衡性是各地区保险业发展过程中客观存在的现象，对我国保险业来说，我国不同区域保险产业呈现出不同发展特点。从市场主体角度来看，我国各区域或城市保险消费者的风险偏好和保险意识存在差异，在本地区经济发展水平约束下，不同风险类型的保险产品产生不同的保险需求。同时，各地区保险服务机构在数量、投入要素质量、销售和服务以及经营管理水平等方面的差异造成保险市场发展不平衡，再考虑到区域市场化程度、外部监管政策以及市场开放程度等因素，我国保险业发展中的非均衡性或异质性是我国保险业空间集聚的基本特征，故异质性特征是我国保险业发展过程中的客观现象。

保险业空间集聚的时空性特征主要表现为区域间保险业的集聚趋势和分布状态，即保险业集聚的时空依赖性包含时间和空间二维属性——时间维度上保险业的发展特征和空间维度上的保险资源流动和布局。从时间角度来看，保险业集聚本身对时间依赖性强，它会随着时间推移而发展变化。一方面反映保险业在时间上的演变趋势过程。另一方面，依据城市保险业发展阶段，可分为保险业支撑点、增长极以及中心等类型，体现出保险资源在“量”和“质”方面的动态成长过程，从而反映出保险资源集聚在时间维度上的深化。从空间视角来看，保险资源集聚是指保险资源经由区域外部迁移或区域内部产生而形成的区域集中，进而体现出保险业空间分布状态。保险资源的流动和布局需要不同承载体，而其中就涉及保险空间或区域。保险资源集聚的动因、规律以及运行结果，均涉及保险公司微观布局、保险业空间组织形态等方面，呈现出地域性和空间性。不论是保险机构或分支机构的选址和布局，还是保险要素流动、保险机构兼并与收购，以及影响保险业集聚的其他因素，均体现出空间性对保险业集聚的助推作用。综上所述，保险业空间集聚的发展具有时空依赖性的特点。保险业空间集聚研究将从时间和空间两个角度总结和分析我国保险业时空运行特征和发展格局演化趋势，进一步探究我国保险业空间集聚的发展规律。

保险业空间集聚具有层次性特征。从现代金融发展趋势来看，金融产业集聚是各个国家（特别是发达国家）产业布局和经济发展的重要支撑。发达国家金融发展历程表明，金融产业集聚在其经济发展进程中发挥着重要推动作用，如纽约、伦敦、东京是三大国际金融中心城市，巴黎和法兰克福是欧洲两大区域金融中心城市，而新加坡和中国香港则是亚太地区金融中心。伦敦金融城、纽约曼哈顿、东京新宿、香港中环、巴黎拉德芳斯、法兰克福萨克森豪森、北京金融街以及上海外滩和陆家嘴则是金融产业集聚城市的内部集聚区域。保险资源的承载区域具有层次性特征，不同区域间具有相互包含关系。此外，保险业一般涉及保险机构及其业务、保险要素以及保险功能等方面，其业务本身也具有明显的层次性特征。

（2）保险业空间差距

保险业空间集聚具有异质性和时空性特征，非均衡性是各地区保险业发展过程中客观存在的现象，我国不同区域在金融市场环境、保险要素禀赋、投保人的收入和意识、经济发展水平以及保险产品跨区域流动能力等方面的差异使得保险市场的初始条件不同，造成区域间保险业发展水平存在差异和不均衡，从而使得不同保险空间上保险业的发展产生差距。此外，保险业集聚的时空依赖性包含时间和空间二维属性，即保险业集聚在时间维度上的发展特征和空间维度上的保险资源流动。基于区域经济趋异理论，本书所讲的保险业空间差距是指相关保险活动在不同保险空间上的相互分化状态，并在此过程中所产生的保险业发展差异或不平衡。保险业空间差距同时蕴含了保险业发展的空间分化的状态与过程，即具有时间和空间属性。

（3）保险业空间收敛

区域经济趋同理论包括 σ 趋同假说、β 绝对趋同假说、β 条件趋同假说以及俱乐部趋同假说等。新古典经济增长理论认为，由于要素边际报酬递减，经济相对发达的地区增长速度要小于经济落后地区，不同区域经济发展将收敛于稳定状态。由于各地区或城市保险业发展程度可能存在较大差异，以及保险业发展过程中的空间集聚性或相关性，本书进行保险业空间收敛分析的目的主要在于，基于空间视角，考察空间集聚性或相关性对我国保险业发展收敛的影响机制。

本书所研究的保险业集聚属于空间范畴问题，即在一定地理范围内，由具有相互联系的保险业活动而形成的地理或空间单元。保险业空间集聚、空间差距以及空间收敛三者间相互作用、相关关联，保险活动或资源的空间集聚（时间维度上的动态变化和空间维度上的分布状态）带来区域间保险业发展差距和收敛机制异质，而保险业空间差距或收敛机制反过来又影响区域间保险资源的动态变化和分布状态，进而影响区域保险业集聚水平。本书在研究保险业空间集聚的动因或机制时，将会分析各保险空间单元的保险活动或保险关系特征，包括保险业的空间非均衡分析、空间相关性分析以及空间收敛分析等，为深入研究保险业空间集聚机制奠定基础。

2.1.3　保险业空间集聚与经济增长关系

保险业空间集聚通过地区间保险活动或行为的相互联系与作用，导致区域或城市间保险业非均衡发展，并在此基础上对区域经济发展产生影响作用。一方面，经济增长需要保险业集聚满足其资本需求，保险市场的发展与完善、保险机构的数量增加和规模扩大以及保险产品的创新与应用改变了区域居民消费与储蓄的弹性比例，满足了消费者多样化的投资需求。保险业的成长决定了其承保投资能力的转化，实现产出投资的资本积累。另一方面，保险业集聚内含于区域经济增长的变化过程中，经济增长过程中的产业集聚为其提供了成长条件，进而形成保险业集聚“累积因果”和“路径依赖”的自我强化过程。区域保险业集聚在提高保险企业的业务能力和市场运作效率，以及降低信息交易成本的同时，也能够引导保险资金流向高收益投资项目，加快资本在区域间流动，促进经济增长。

2.2 相关理论基础

2.2.1 非均衡理论

边际效用学派奠基人瓦尔拉斯在《纯粹经济学要义》中提出了一般均衡理论，一般均衡理论以边际效用价值论（价格理论）为基础，分析经济商品和生产要素的价格及供求量决定机理。该理论认为社会经济现象可表示为数量关系，生产要素市场和商品市场中的价格与供求相互联系、相互影响和相互制约。价格反映市场供给和需求变化，市场自行调整供需双方数量，供需双方对价格作出灵敏反应，价格调整市场供求双方的竞争行为，并最终形成市场均衡价格。“萨伊定律”强调“供给创造其自身的需求”，该理论认为市场具有自我调节功能，市场供给和需求总会达到某种均衡[87]。瓦尔拉斯的一般均衡假设主要包括市场的完全信息、所有交易在市场均衡价格下形成、不存在虚假交易和不确定因素等内容。当市场处于非均衡状态时，市场力量会自动地调整到一个新的稳定均衡状态。

非均衡理论也称“非瓦尔拉均衡理论”，主要代表人物有巴罗、格罗斯曼、贝纳西、马林沃德以及米勒鲍尔等。与瓦尔拉斯的一般均衡假设不同，非均衡理论否定了一般均衡理论中价格完全弹性、完全有效性等假设。非均衡理论认为在价格调节机制下，总存在超额供给或超额需求，不可能使市场全部出清。非均衡理论还认为，在非均衡市场上，市场自身力量很难达到市场总供给和总需求平衡，各方市场力量将调整到彼此相适应的位置上，通过数量调节达到事后均衡。非均衡市场中的事后均衡指在价格不灵活的条件下，市场参与者通过价格信号调整需求量和供给量，进而从市场供给数量和需求数量方面取得数量信号，以调整供求活动。

区域均衡发展理论多采用静态分析方法研究经济问题。在现实经济活动过程中，由于各个地区自然资源禀赋和社会资源配置具有非均衡性，特别是在发展中国家或地区，区域经济非均衡发展现象客观存在，经济非均衡发展问题日益突出。由于欠发达国家或地区的经济资本和社会资源相对匮乏，其在某种程度上并不具备均衡全面发展的实力，这些国家或地区往往会将社会资本等要素集中起来，优先发展重点地区和重点产业，并以此来促进其他地区或产业的发展。本章接下来将从经济趋同和经济趋异两方面详细阐述区域经济非均衡发展理论。

1. 区域经济趋同理论

该理论指出在区域经济非均衡发展过程中，某些市场因素作用将会使得区域间发展差距缩小，非均衡状态逐渐消失，最终达到均衡状态。新古典经济增长理论是区域经济趋同理论的典型代表，它为解释国家或区域间经济增长差异等问题提供了重要理论依据。新古典经济增长理论认为经济体系运行中区域间非均衡状态是一种暂时现象。在市场力量作用下，区域内部资本积累过程和要素流动过程将促使区域间经济发展自动趋向于均衡，最终处于均衡分布状态，即区域间经济总是向一个均衡增长路径收敛（Harrod，1939；Domar，1946；Solow，1956）[88][89][90]。该理论意味着区域经济政策应减少行政障碍或市场进入壁垒等，从而促使劳动力和资本的自由流动，缩小区域间经济发展差距。

新古典经济增长理论关于经济收敛的假设条件涉及市场完全竞争、规模报酬不变以及无交易成本等方面，但现实经济活动与新古典经济增长理论并不相符，随着新古典经济增长理论进一步发展和丰富，许多学者提出了多种经济发展趋同假说，如σ趋同假说、β绝对趋同假说、β条件趋同假说以及俱乐部趋同假说等。σ趋同假说是指随时间推移，各地区间人均收入的基尼系数、标准差或泰尔指数等指标趋于降低。β绝对趋同假说认为，与初期人均产出较高的地区（富裕地区）相比，初期人均产出水平较低的地区（贫困地区）存在更高的增长率。即在特征完全相同区域内，其人均产出水平增长率与其离稳态的距离成反比。所有区域间的经济增长率将随着时间的推移达到均衡稳态，即收敛于相同的人均收入水平。β绝对趋同假说的假设条件较为严格，所有区域间彼此孤立，人口增长率、投资率、生产函数、资本折旧率以及增长路径都完全相同。β条件趋同假说放松了β绝对趋同假说的严格条件，放弃了各区域具有完全相同的基本经济特征。该假说认为由于区域异质性的存在，不同外生因素所产生的作用存在差异，区域经济增长速度与自身稳态距离成反比，但最终每个区域均收敛于各自的稳态水平。俱乐部趋同假说则是指在经济增长的初始条件和结构特征等方面都相似的条件下，区域间经济增长相互趋同，即具有同一类型的区域组内趋同而不同类型的区域组间趋异的特点。俱乐部趋同假说能够更好地解释区域经济增长总体上趋异而局部趋同的现象。

2. 区域经济趋异理论

在新古典增长理论中，其假定条件包括市场完全竞争、偏好相似、不存在运输成本以及规模报酬不变等方面，但考虑到现实经验上国家或地区间的经济差距不断扩大，区域经济趋同理论受到多个方面的质疑。区域经济趋异理论强调优先发展重点区域和重点产业部门，并带动整个区域经济的发展。区域经济趋异理论主要包括不平衡增长理论、循环累积因果理论、增长极理论、倒“U”形理论以及中心—外围理论等。

①不平衡增长理论

不平衡增长理论在1958年由经济学家Hirschman（阿尔伯特·赫希曼）在其著作《经济发展战略》中提出，并成为发展经济学的经典著作。他首次将“发展战略”运用到经济学领域，认为政府应从发展战略角度选择和发展主导产业部门，并进一步带动其他部门或产业的发展。Hirschman从稀缺资源角度阐述了非均衡发展是经济发展的最佳方式[91]。他认为政府部门可以将社会资金集中或投资到那些对私人资本缺乏吸引力的产业和项目中，如建设周期相对较长的社会基础设施，以及扶持具有较强产业关联度的产业部门，并以此为动力扩大对其他产业的投资，促进其他产业发展。不平衡增长理论认为地区发展应按照一定次序或不同增长速度进行，某些地区或城市中的主导部门或创新能力较强的行业以较快的速度优先发展，形成技术进步经济效益、规模经济效益以及资源配置经济效益，并通过资本集中和输出、技术创新和扩散等方式辐射其他部门和地区发展。在经济发展初期，一方面，经济增长的累积集中使得地区间的经济差距扩大，但从长期角度来看，渗透效应将缩小区域间经济差距，实现非均衡协调发展。但另一方面，优先得到发展的地区或部门产业在产生扩散效应的同时，也可能产生回波效应，即由于地区间或部门间存在收益差异，资金、技术和劳动力等生产要素会由落后地区向发达地区流动，使得发达地区的劳动生产率进一步提高，劳动力需求曲线向外移动，地区工资水平提高，导致落后地区的劳动力继续流入，落后地区大量生产要素的外流，使得当地经济发展速度放缓，这会导致发达地区与落后地区的经济发展差距继续扩大。

②增长极理论

1950年，弗朗索瓦·佩鲁最早在其著作《经济空间：理论与应用》中提出增长极概念，并在其著作《新发展观》中阐述了增长极理论[92]。增长极理论认为经济空间中存在若干个类似于“磁极”作用的中心，产生各种离心力和向心力相互交汇的“场”，即若把发生支配效应的经济空间看作力场，则力场中推进性单元为增长极，增长极可以是区域或部门。增长极理论认为区域经济发展是不均衡的，不同产业部门和地区具有不同的增长速度，增长极在推动自身迅速增长的同时，还能通过乘数效应带动其他部门增长，伴随着区域极化的现象。增长极理论体系涉及主导产业增长和产业综合体增长等多个层面。该理论认为经济增长可以被看作一个由局部到整体、由点到面依次递进的过程。

在增长极发展过程中，由于主导产业的技术创新与扩散，伴随着形成“扩散效应”和“极化效应”两种不同的效应。“极化效应”产生于增长极的初始发展阶段，“极化效应”使得增长极周围地区各种生产要素向增长极聚集和回流。“扩散效应”产生于增长极的高级发展阶段或成熟发展阶段，“扩散效应”将会使得生产要素由增长极向周围地区扩散。若增长极所产生的“扩散效应”小于“极化效应”，则周围地区的生产要素向增长极聚集，不利于其周围落后地区的发展。若增长极所产生的“扩散效应”大于“极化效应”，则对落后地区有利。增长极发展过程中“极化效应”逐步被“扩散效应”替代，促使各地区间发展差距逐步缩小。增长极理论中指出增长极作用主要在于规模经济和区位经济两方面，规模经济是增长极形成的重要结果，经济活动在某一区域内的集中有利于相关企业或产业提高分工程度和劳动生产率，降低边际成本，获得外部经济效应。区位经济实际上是具有技术经济联系的产业部门或从事专门相关经济活动的企业通过地理距离位置靠近（区位集中）而产生的综合经济效应。Boudeville（1957，1972）将增长极定义为城市配置不断扩大的工业综合体，在佩鲁的增长极理论基础上提出了增长极的空间概念，增加了增长极理论的地理空间含义，强调增长极的空间特征，赋予经济空间以区域地理意义，并进一步将增长极划分为两类：一类是自发生成的增长极，主要受到市场机制影响；另一类是支配诱导生成的增长极，受到计划机制影响，即通过有效规划配置增长极推进区域经济增长。

③循环累积因果理论

该理论由学者缪尔达尔（1957）提出，在增长极理论基础上，他认为在社会经济发展过程中，某一事物发展产生“初始变化”，将引起另一事物的发展变化，后一事物又将反过来产生“次级强化”，强化前一事物的发展变化，从而形成循环累积因果的发展关系。该理论从市场自发因素角度解释了区域间差距不断扩大的现象，揭示了长期区域经济增长的一般规律。循环累积因果关系理论认为，社会经济发展过程中存在扩散效应和回波效应两种力量，这两种力量相互作用、相互制约。扩散效应将会促使经济发达地区或城市的生产要素和资源流向周边相对欠发达地区或城市，缩小了地区或城市间经济发展水平的差距。与之相反，回波效应会导致地区或城市间的差距进一步扩大。该理论认为经济发展过程中的回波效应总是大于扩散效应，区域经济发展差距逐渐扩大，区域间经济发展不均衡程度加剧，最终导致经济发达地区越来越发达，经济落后地区越来越落后的恶性循环。但循环累积因果理论存在一定的局限性：一是缺乏严密的理论体系，并未系统说明扩散效应和回流效应的前提条件以及相互作用；二是忽视不发达地区潜在的发展优势，过分强调其不利地位和被动地位，所得结论缺乏一定说服力。

④核心与边缘理论

Fridemna（1966）在《区域发展政策》一书中提出核心与边缘理论，并在《极化发展理论》中将“核心—边缘”空间极化思想应用于分析区域间非均衡发展现象以及城市间相互作用机制。该理论认为任何空间经济系统均可分解为不同属性的核心区和外围区，涉及区域间经济互不联系（孤立发展）—不平衡发展—平衡发展的过程。核心与边缘理论已成为发展中国家研究空间经济的主要分析工具。核心与边缘理论以核心和边缘为最基本的结构要素，在核心与边缘理论中，边缘区与核心区相互作用，联系紧密。核心区在很大程度上主导着边缘区的发展方向，这主要表现在：核心区通过市场系统、供给系统等途径组织边缘区，并向边缘区传递技术创新等成果。核心区自我增长和不断扩展有助于边缘区的逐渐增强和空间系统的发展壮大。核心区与边缘区共同构成相互依赖和关联的空间经济系统。在发展初期，核心区通过关联效应、控制效应、生产效应等方面强化对边缘的控制。核心区和边缘区存在前向联系和后向联系，前向联系是核心区向更高层次核心的联系或从边缘区吸取劳动力、资金等生产要素，属于极化作用结果，产生负效果。后向联系是核心区向边缘区提供技术、信息等要素，将核心要素利益扩散到边缘，带动边缘区发展，具有扩散作用，产生正效果。

⑤倒“U”型理论

美国经济学家威廉姆逊（1965）在《区域不平衡与国家发展过程》一文中提出倒“U”型理论，该理论在库兹涅茨的收入分配倒“U”型假说的基础上，将其运用到区域经济分析问题当中，形成经济发展倒“U”型理论。威廉姆逊通过分析截面数据和时间序列数据发现，经济发展阶段与区域间经济发展差距呈倒“U”型曲线。在早期阶段，不同区域间收入差异呈扩大趋势，而在经济发展成熟阶段，不同区域间收入呈趋同现象。区域间收入差距的长期变动轨迹大致呈“先恶化，后改进”特征，也就是说，区域间经济差异会随着经济发展的成熟而逐渐消失，呈现出扩大、缩小以及消失的周期性变化规律。

2.2.2 新经济地理学理论

（1）新经济地理学理论发展

尽管长期以来经济地理学、区域经济学等学科理论涉及空间经济问题，但总体上“空间经济”的研究基本上处于“休眠状态”。新古典经济学理论的假定条件包含完全竞争、规模收益不变或递减等方面，认为在假定条件下经济活动的空间分布是均衡的。主流经济学理论主要从外部性来解释经济活动的空间差异。由于缺乏处理不完全竞争下规模收益递增的技术工具，传统区域科学试图从要素流动、运输成本以及规模经济等角度来解释经济活动的空间聚集现象，但这无法形成严谨的数理推导模型和均衡状态分析。在实际经济发展过程中，主流经济学理论无法解释区域经济“块状”现象，其在研究空间经济现象时往往将经济活动集聚作为外生或将空间集聚作为“黑箱”来处理。传统空间经济学对经济活动中的空间集聚现象提出了一些有意义的观点，比如 Pred（1966）提出的“基础 - 乘数”模型和 Harris（1954）提出的市场潜力概念，但这些研究并未解决或准确地回答竞争和定价等问题[93][94]。空间因素由于在主流经济学研究过程中常常被忽视，就一直难登主流经济学的“大雅之堂”。直到 20 世纪 90 年代初，Krugman（1991）在《收益递增和经济地理》一文中提出空间经济问题的研究，认为经济地理现象是经济发展过程中最显著特征之一，这为新经济地理学的发展奠定了基础[95]。新经济地理学源自新贸易理论，新经济地理学将空间因素纳入一般均衡理论框架中，分析不同形式或条件下现实经济活动的空间集聚机制及其分布规律，并在此基础上研究和探讨经济增长的路径规律。经过 30 多年的发展，新经济地理学正日趋成熟和完善，已形成了多种理论模型。Krugman 因在贸易模式和经济活动区位分析中做出重要贡献而获得了 2008 年的诺贝尔经济学奖。随着新经济地理学进一步发展和完善，相应的技术分析工具将不完全竞争和规模经济收益递增假设纳入一般均衡分析模型中，特别是 Dixit 和 Stiglitz（1977）提出的 D－S 模型，这也是主流经济学接纳空间维度的关键原因[96]。

（2）新经济地理学理论框架

Krugman（1991）在其成果《收益递增和经济地理》中提出了 CP 模型（核心－边缘模型）[96]，这为进行经济活动的空间或区位分析奠定了微观基础，具有重要里程碑意义。此后，大量学者在此基础上相继提出了一系列模型，这使得空间经济学研究成为当前最具有吸引力的研究领域之一。目前新经济地理学模型主要可以分为三大类：

第一类模型以 Krugman 的核心－边缘模型、Dixit 和

Stiglitz 的 D－S 模型为分析框架，这一类模型主要包括自由资本模型（FC 模型）（Martin 和 Rogers，1995）、核心－边缘垂直联系模型（CPAL 模型）（Krugman 和 Venables，1995；Fujita、Krugman 和 Venables，1999）、资本创造模型（CC 模型）（Baldwin，1999）、自由企业家模型（FE 模型）（Forslid，1999；Forslid 和 Ottaviano，2003）、局部溢出模型（LS 模型）（Baldwin 等，2001）等[97]—[102]。

在第一类新经济地理学模型中，自由资本模型（FC 模型）假定资本所有者不能在地区间自由流动，资本受名义资本收益率差异驱动能够脱离资本所有者，在区际或空间上自由流动和转移，但其资本收益还需要返回至原先资本所有地，由资本所有者进行支配和消费。在 FC 模型中，前向和后向联系不存在，初始分布成为长期稳定均衡分布。FE 模型中固定投入（企业家人力资本）具有空间流动性，其集聚形成机制与核心－边缘模型（CP 模型）相同。资本创造模型（CC 模型）引入资本形成和资本折旧，资本收益率的空间差异使得区域间资本形成速度不同，该模型中存在与需求相关联的循环因果关系——后向联系。全域溢出模型（GS 模型）和局部溢出模型（LS 模型）在资本形成上做出改进——资本可理解为知识资本，虽然这两个模型均将溢出效应引入其中，但局部溢出模型（LS 模型）与全域溢出模型（GS 模型）不同，前者假定知识资本强度在空间范围内并非均匀，其溢出效应呈局部性特征，知识资本强度随着空间距离的增加而衰减。GS 模型认为“空间中性”，不考虑空间对知识资本溢出效应影响，空间集聚力来源于本地市场放大效应，产业分布均匀和聚集在长期均衡条件下的均衡增长率均相同。LS模型认为“空间非中性”，引入空间因素对溢出效应的影响，认为不同产业分布模式将产生不同的均衡增长率。

第二类模型主要是以Ottaviano为代表发展起来，与CP模型假定条件不同，第二类模型并未采用不变替代弹性效用函数和柯布-道格拉斯效用函数等条件，这类模型主要包括Ottaviano（2001）的线性自由资本模型（LFC模型）、Ottaviano、Tabuchi和Thisse（2002）的线性自由企业家模型（LFE模型）。第二类模型放弃了CP模型中的不变替代弹性效用函数和“冰山”交易成本以及D-S模型中的垄断竞争一般均衡分析框架的假定，该模型假定准线性二次效用函数和线性运输成本，用来反映消费者的多样性需求偏好。

第三类模型是知识关联模型（TP模型），这类模型主要以Berliant和Fujita（2006；2007）所建立的模型为代表。第三类模型知识关联模型从动态角度阐述了区域之间、人与人间的知识关联过程，解释了知识创新和传递如何进行及其所带来的影响。

（3）新经济地理学核心思想

新经济地理学从规模经济、要素流动、市场关联、需求规模、知识溢出、贸易自由度等及其相互作用等方面分析了经济空间格局演化的内在机制。新经济地理学均衡模型分析表明，在不存在外力作用和外生差异条件下，初始条件相同的两个区域将形成核心-边缘结构。产业集聚核心区域在满足本地需求同时还会向边缘区域输出产品，产业集聚核心区域的市场需求要大于边缘区域，这进一步促进了区域间的产业转移、资本积累以及知识创造等方面的发展。产业集聚核心区域除了具有大规模生产的经济性外，还具有相对于边缘地区较低的成本，市场需求和成本两方面因素促使产业集聚区域的集聚力形成自我强化的循环累积因果。

核心－边缘模型中的经济空间集聚通过市场接近效应（本地市场效应）和生活成本效应（价格指数效应）产生循环累积因果机制。生活成本效应主要是指在企业集聚区域中，企业提供的产品数量和产品种类相对较多，产品价格相对便宜，使得产业集聚区域的生活成本较低，进而促使人口流向产业集聚区域。市场接近效应是指在同等条件下，企业将会向市场规模较大区域集中，这有利于企业实现规模经济和节省销售等环节的成本。市场接近效应和生活成本效应所产生的集聚力具有自我强化特征，其本质在于规模生产、运输成本以及贸易成本的经济性，从而产生循环累积因果关系，形成正反馈机制。核心－边缘模型中的经济活动聚集机制是由这两种效应相互叠加形成的循环累积因果关系。在经济活动集聚活动过程中，同样存在抑制集聚的分散力——市场拥挤效应，由于企业地理集中使得区域竞争企业者的数量增多，这在一定程度上加剧了本地市场竞争程度，产生市场竞争效应，企业在区位选择时将会倾向于竞争企业较少的区域。在经济活动集聚过程中，市场拥挤效应所产生的分散力不断增强。在核心－边缘模型中，市场拥挤效应所带来的分散力要明显低于市场接近效应和生活成本效应带来的集聚力。

新经济地理学大部分模型从需求供给关联和市场行为

关联多个角度揭示了经济活动空间聚集的内在机制，也有部分模型包含了知识或技术溢出的外部性。资本积累和知识创造增强了集聚核心区域的产业集聚力，而知识或技术的溢出性和外部性能够产生分散力，使得产业集聚方式发生变化。对于经济活动的空间分布，新经济地理学从宏观层面解释现实中各种经济活动的空间集聚现象，从微观层面分析企业区位选择的因素。

经济活动空间由不同块状区域组成，如沿海—内陆区域、城市—农村区域、发达—欠发达区域等。在经济空间集聚过程中，市场接近效应（本地市场效应）、生活成本效应（价格指数效应）以及市场拥挤效应三者形成非均衡力，这种非均衡力决定了生产要素的转移方向和强度，进而使得经济现象具有非连续等特征。Fujita 等（1999）在其著作《空间经济学：城市、区域与国际贸易》中，重点对区域经济学、经济地理学以及国家贸易等问题进行了研究，通过基本模型分析了各种空间层面的区位问题，揭示了产业集聚与扩散、新城市形成以及演化等现象背后所存在的空间集聚规律。Baldwin 等（2003）在新经济地理学模型体系下，从公共政策视角分析了产业空间集聚的效率和公平含义，并基于空间经济学理论分析了国家贸易政策对经济增长的影响[103]。Henderson 和 Thisse（2004）对新经济地理学的发展进行了系统总结，并提供了大量支持理论的经验证据[104]。

不同于新古典经济学，新经济地理学核心模型主要从本地市场放大效应、内生非对称性、循环累积因果链等方面揭示了经济活动空间模式的复杂性，并给出了更加符合现实的经济政策分析框架。新经济地理学发展时间较短，其理论框架和模型具有非线性动态特征。目前知识外部性和信息溢出等内容是新经济地理学研究的前沿和发展方向。由于传统计量方法存在一定局限性，这对新经济地理学相关理论的经验研究和分析增加了一定难度。但近几年随着空间计量技术分析工具的发展和运用，这些问题不断得到解决，新经济地理学展示出良好的发展前景。

（4）新经济地理学自由资本模型

①FC 模型假设条件

Martin 和 Rogers（1995）在中心－外围模型（CP 模型）基础上提出自由资本模型（FC 模型）分析资本流动对经济活动空间集聚的影响，FC 模型解决了交易成本和市场规模等外生性因素的非对称问题。与 CP 模型的假设不同，FC 模型未涉及需求关联的循环因果关系。FC 模型的生产要素包括资本 K 和劳动 L，FC 模型假定劳动力不可流动，作为可变成本来使用。假定资本禀赋和劳动力禀赋是固定的，分别记作 K^w和 L^w。两个地区分别为 a 和 b。a 地区资本禀赋和劳动力禀赋分别用 K 和 L 来表示，b 地区资本禀赋和劳动力禀赋分别用 K^* 和 L^* 来表示。为区分起见，本书用“＊”来表示 b 地区的所有变量，a、b 两地区的资本禀赋在总资本禀赋中所占的份额分别为 s_k 和 $s_k{}^*$，a、b 地区使用的资本份额分别用 s_n 和 $s_n{}^*$ 表示。此外，假设 a 地区生产的多样化产品种类数（或企业数）为 n，b 地区生产的多样化产品种类数（或企业数）为 n^*，两者之和为 n^w。两地区消费者偏好、生产技术函数以及空间成本等方面相同。

若企业单位产出需投入 a_m 单位劳动（可变成本），劳

动力的报酬表示为 w_L，固定成本为资本（π），则企业成本函数可表示为 $\pi + a_m w_L x$，其中，x 为企业的产出。消费者效用函数可用公式（2.1）表示：

$$U = C_M^{\mu} C_A^{1-\mu}, C_M = \left(\int_{i=0}^{n^w} c_i^{1-1/\sigma} \mathrm{d}i\right)^{1/(1-1/\sigma)}, 0 < \mu < 1 < \sigma \tag{2.1}$$

在公式（2.1）中，C_M 和 C_A 分别表示 a、b 两地区产品 2 组合和产品 1 组合的消费量，μ 为消费者对产品 2 支出占总支出的份额，c_i 为产品 i 的消费量，σ 为产品之间的替代弹性。

与 CP 模型保持一致，消费者对产品 2 价格指数为 $P_M = \left(\int_{i=0}^{n^w} P_i^{1-\sigma} \mathrm{d}i\right)^{1/(1-\sigma)}$，其相对应的生活成本指数为 $P = p_A^{-(1-\mu)} P_M^{-\mu}$，实际购买力（消费者可达到的最大效用水平）为 EP，E 为消费者名义支出。地区间资本流动关系可用 $s_n{}^* = (\pi - \pi^*) s_n (1 - s_n)$ 来表示。

②FC 模型的短期均衡

根据总支出约束下总效用最大化的一阶条件，可得出 a 地区消费者对 a 地区生产的产品 j 的需求量 c_j 为：

$$c_j = \mu E \frac{p_j^{-\sigma}}{p_M^{1-\sigma}} = \mu E \frac{p_j^{-\sigma}}{\Delta n^w}, \Delta n^w = \int_{i=0}^{n^w} P_i^{1-\sigma} \mathrm{d}i, E = \pi K + w_L L \tag{2.2}$$

其中，p_j 为产品 j 的价格，E 为总支出。

公式（2.2）具有一般性，a 地区和 b 地区生产的产品分别用下标 j 和 i 来表示，p_j 表示产品 j 在 a 地区生产且在本地销售的价格，$p_j{}^*$ 表示产品 j 在 a 地区生产且在 b 地区销售的价格，p_i 表示产品 i 在 b 地区生产且在本地销售的价格，p_i^* 表示产品 i 在 b 地区生产且在 a 地区销售的价格。

在企业利润最大化的约束条件下，可将公式（2.2）分解为以下四个公式：

$$c_j = \mu E \frac{p_j^{-\sigma}}{p_M^{1-\sigma}}, c_j^* = \mu E^* \frac{(p_j^*)^{-\sigma}}{(p_M^*)^{1-\sigma}},$$

$$c_i = \mu E^* \frac{p_i^{-\sigma}}{(p_M^*)^{1-\sigma}}, c_i^* = \mu E \frac{(p_i^*)^{-\sigma}}{p_M^{1-\sigma}} \tag{2.3}$$

考虑到产品空间交易成本，a 地区产品在 b 地区出售时的价格比为 τ，可得出：

$$p = \frac{w_L a_m}{1 - 1/\sigma}, p^* = \frac{\tau w_L a_m}{1 - 1/\sigma} \tag{2.4}$$

结合公式（2.4）可得，$\pi = px/\sigma$。将两地区的产品价格指数代入资本收益表达式，可得出：

$$\pi = \frac{\mu E^w}{\sigma n^w}\left[\frac{s_E}{s_n + \varphi(1 - s_n)} + \varphi \frac{1 - s_E}{s_n + \varphi(1 - s_n)}\right] \tag{2.5}$$

其中，$s_E = E/E^w$ 表示总支出中 a 地区支出所占份额，$1 - s_E = E^*/E^w$ 表示总支出中 b 地区支出所占份额。令 $\Delta = p^{1-\sigma}[s_n + \varphi(1 - s_n)]$，$\Delta^* = p^{1-\sigma}[\varphi s_n + (1 - s_n)]$，并将本地生产销售产品价格标准化为 1，则 $\Delta = s_n + \varphi(1 - s_n)$，$\Delta^* = \varphi s_n + (1 - s_n)$，则可以得出 a、b 地区企业的利润函数分别为：

$$\pi = bB \frac{E^w}{K^w}, B = \frac{s_E}{\Delta} + \varphi \frac{1 - s_E}{\Delta^*}, b = \frac{\mu}{\sigma} \tag{2.6}$$

$$\pi^* = bB^* \frac{E^w}{K^w}, B^* = \frac{s_E}{\Delta} + \varphi \frac{1 - s_E}{\Delta^*} \tag{2.7}$$

从公式（2.7）中可以看出，企业的利润取决于企业的空间分布 s_n 和消费支出的空间分布 s_E（市场份额）。市场份额 $s_E = E/E^w = (1-b)s_L + bs_K$，$s_L = L/L^w$，$s_K = K/K^w$。上式可以说明只要区域所拥有的劳动和资本分布一定，支出的空间分布就能够确定，即区域中劳动力和资本分布共同决定着消费支出的空间分布 s_E。

③FC 模型的长期均衡

根据资本流动方程 $s_n{}^* = (\pi - \pi^*)s_n(1-s_n)$，长期内资本的自由流动可以达到两种长期均衡，即当 $\pi = \pi^*$ 或 $s_n = 0$ 时，将以上均衡条件代入公式（2.6）和公式（2.7）（企业的利润函数）可以得出：

$$s_n = \frac{1}{2} + \frac{1+\varphi}{1-\varphi}\left(s_E - \frac{1}{2}\right) \tag{2.8}$$

公式（2.8）揭示了企业空间分布或资本使用空间分布 s_n 与消费支出空间分布 s_E 间的作用关系，即消费支出空间分布决定了资本空间分布。由上式可以进一步得出长期内部均衡条件下资本使用的空间分布，如公式（2.9）：

$$s_n = \frac{1}{2} + \frac{1+\varphi}{1-\varphi}\left[(1-b)\left(s_L - \frac{1}{2}\right) + b\left(s_K - \frac{1}{2}\right)\right] \tag{2.9}$$

公式（2.9）说明当 FC 模型中要素禀赋（劳动和资本）的分布确定后，资本使用的空间分布就随之而确定。两地区间资本收益率差异决定了长期资本流动的力量，区域间资本收益率的差异可用公式（2.10）来表示：

$$\pi - \pi^* = b\,\frac{E^w(1-\varphi)}{K^w\Delta\Delta^*}$$

$$\left[(1+\varphi)\left(s_{E}-\frac{1}{2}\right)-(1-\varphi)\left(s_{n}-\frac{1}{2}\right)\right] \quad (2.10)$$

如果区域间交易没有交易成本（贸易自由度 $\varphi = 1$），区域间资本利润率总是相等的，则区位与经济活动无关或者空间在经济系统运行中不起作用。一般情况，$0 < \varphi < 1$，从公式（2.10）可以看出，a、b 两区域间企业利润率差距与等式右边的“资本聚集力” $(1+\varphi)\left(s_{E}-\frac{1}{2}\right)$ 和“资本分散力” $(1-\varphi)\left(s_{n}-\frac{1}{2}\right)$ 存在直接关系。在等式右边括号内，第一项 $(1+\varphi)\left(s_{E}-\frac{1}{2}\right)$ 代表 a 地区对资本的吸引力更大，对资本利润率差异的影响为正，产生“资本集聚力”。a 地区市场规模 s_E 的系数为 $(1+\varphi)$，大于1，即存在本地市场放大效应。括号内第二项为负值，表示“资本分散力”——市场拥挤效应，当 a 地区实际使用的资本份额超过对称分布的资本份额时，则市场拥挤效应将会导致 a 地区的资本利润率下降，形成的“资本分散力”阻碍了资本流向 a 地区。通过以上分析可以看出，“资本集聚力”和“资本分散力”共同决定着资本最终流动方向。

新经济地理学在基于规模收益递增和垄断竞争的条件下，通过建立一系列模型解释不同条件下各市场主体在追求效用最大化和利润最大化的基本行为，揭示了空间交易成本、产品多样化需求或供给以及支出份额等发生变化时，由规模经济、要素流动以及市场关联等方面相互作用导致经济空间格局的演化。由于 FC 模型假定条件包含资本要素跨区域流动、其所有者不参与流动、相关劳动要素区域间不可流动而在区域内可流动等内容，这与我国保险业发展现状特征相类似。所以本书将以 FC 模型为基础，建立保险业空间集聚演进模型，并进一步从理论和实证两个方面分析我国保险业空间集聚的内在动因，为揭示我国保险业空间集聚的溢出效应和经济增长效应提供理论支撑。

2.2.3　金融地理学理论

（1）金融地理学理论内涵

金融地理学可理解为金融区域差异、集聚演化过程及其在经济发展中所扮演角色的边缘学科（Laulajainen, 2005）[105]。金融地理学在地理学和经济学基础上将地理位置、空间距离等因素引入对金融问题的研究中，Labasse 等（1955）首先将金融学与地理学联系起来，从地理学视角分析中心城市和银行网络发展间的金融联系[106]。在 20 世纪八九十年代，学者们开始逐渐关注金融地理学和主流经济学分支“新经济地理学”，Granovetter（1985）研究了金融行为中的“根植性”（嵌入性），认为金融机构及其经济行为受到当前社会关系约束[107]。克鲁格曼（1999）通过新经济地理学理论阐述了集聚经济和产业集群的形成原因，揭示了产业集聚现象，这对金融地理学的发展产生了重要影响。Yeung（2003）指出新经济地理学的主要特征，主要包括经济行为的社会根植性、社会主体的变动性身份以及基于耗散背景的重塑经济行为等[108]。

金融地理学关于在金融学研究中是否纳入地理要素的争论，在经济全球化和金融全球化背景下，传统的观点认为“地理已死”，可替代的货币将在很大程度上克服现存地理条件限制，信息交流速度的提升削弱了空间作用影响（O'Brien，1992）。但一些金融地理学学者从不对称信息等角度予以反驳，Porteous（1995）指出尽管在电讯网络技术革命时期，地理距离仍然是影响金融交易双方的重要因素，在标准化信息市场中（如政权抵押的二级市场），借贷双方的相邻性在很大程度上影响到证券的收益率。而在非标准化市场中，由于金融机构与借贷者在距离或关系上的邻近，信息不对称所产生的空间效应将会减小非标准化贷款风险[109]。Zhao（2003）采用演化经济学中的表述方法，将信息分为标准化信息（编码知识）和非标准化信息（默示知识），标准化信息（编码知识）能够通过普通信息传输媒介传递，也称为硬数据。非标准化信息（默示知识）一般是指由于存在信息不对称性质，难以通过大众媒体传输的信息，金融部门需要接近信息源，或者需要面对面地交流学习，受空间地理因素约束[110]。一些学者从社会等软性要素出发，如 Putnam 将地理因素或地理环境称为“社会资本”，Amin 和 Thrift 将地理环境理解为“制度氛围”，Markusen 将其称作“黏性空间”，这些学者认为“地理位置”具有丰富意义，且均强调了地理环境对金融发展的重要性。

（2）金融地理学主要理论观点

基于信息论，金融地理学从空间地理角度分析金融业集聚的演化发展规律，认为“信息腹地”“信息外溢效应”“路径依赖”以及“不对称信息”是导致金融集聚发展的主要因素。Porteous（1995）从“信息腹地”和“信息不对称”等角度分析了金融业集聚形成机制[109]。Thrift（1994）认为由于大量金融信息非标准化，金融企业往往将机构设立在信息腹地，以便以较低成本进行信息收集和处理，从而形成金融集聚[111]。Gehrig（2000）以市场摩擦理论为基础，认为信息不对称因素有利于金融集聚和信息腹地形成，本地区金融集聚往往由相邻地区金融机构汇集而成，这往往会导致相邻区域的金融分散。金融中心也是金融地理学中重点研究领域，强调地理因素在金融现象中的作用[23]。Gehrig和Thrift将金融中心定义为金融信息源头或者金融机构和服务的集中地，Davis（1993）在信息不对称和产业规模效应视角下研究了金融中心的区位优势，核心区企业可以通过共享劳动力市场、基础设施等方式降低企业运营成本来获取更大效益[112]。Reed（1981）通过设计评价体系将金融中心进行等级分类研究[113]，Clark（2002）和Poon（2003）从角色互补和相互竞争角度分析金融中心间的联系和差异，认为区域边界对金融市场透明度和有效性至关重要，接近信息源有助于职业投资者收集信息和分析信息[114,115]。Lai（2005）和Gordon（2007）分析了创造金融中心的优势条件，认为优良基础设施、完善法规制度以及知识溢出等条件是增强金融中心实力的重要因素[116,117]。

金融地理学的研究在中国起步较晚，学者们早期以集中介绍国际金融地理学研究进展为主，这为我国金融地理学研究奠定了基础。随后较多研究以中国为对象进行分析，在金融中心方面，Zhao等（2004）、Lai（2012）等学者分析了我国金融中心的发展和分布等问题，认为我国金融中心主要为北京、上海、深圳和香港，作为政治中心，北京凭借显著的信息优势具有总部职能，上海因具有雄厚的服务业基础而成为商业金融中心，深圳具有地理位置优势，政策支持使其发展成为金融业发达中心，香港主要行使离岸金融中心的职能[118,119]。在金融主体区位研究方面，Yeung（2009，2011）、He 等学者认为，现阶段银行是我国最主要的金融主体，银行区位往往会集聚分布在经济发达地区，以追求利润最大化，但为避免银行业出现过分集聚现象，政府在银行的区位选择中扮演着重要角色，受政府政策工具干预，以我国国有商业银行为主的银行主体选址往往实施差异化的分布策略，而以外资银行等为主的银行在区位选择时仍遵循市场规律[120,121]。Pan 等（2016）、Liu 和 Chen（2014）等学者从规模效应、制度优势等角度研究我国风险投资的影响因素和区位特征，北京、深圳和上海是我国三大风险投资集聚地，区域间文化习俗差异对投资企业分布存在显著影响[122,123]。

2.3 相关分析工具

2.3.1 保险业空间特征分析方法

（1）Dagum 基尼系数及其子群分解方法

由于 Dagum 基尼系数及其分解方法将子样本间差异性考虑在内，故其在一定程度上克服了传统基尼系数和泰尔指数的局限性，本部分采用 Dagum 基尼系数及其分解方法分析我国保险业发展的空间差距。

Dagum 基尼系数定义如公式（2.11）所示：

$$G = \frac{\sum_{j=1}^{k}\sum_{h=1}^{k}\sum_{i=1}^{n_j}\sum_{r=1}^{n_h}|y_{ji} - y_{hr}|}{2n^2\bar{y}} \tag{2.11}$$

其中，k 表示城市群的个数，j、h 表示 k 个城市群内不同的城市，n_j、n_h 分别表示 j、h 城市群内所包含城市的数目，n 表示各城市群内所包含城市的数目，y_{ji}、y_{hr} 分别表示 j、h 城市群内城市 i、r 的保险业发展指标值（保险深度和保险密度），$\bar{y}$ 表示相应指标值的平均值。

公式（2.11）可进一步分解为公式（2.12）：

$$G = G_w + G_{nb} + G_t \tag{2.12}$$

其中，G_w 代表地区内差距贡献，G_{nb} 代表地区间差距贡献，G_t 代表超变密度贡献。具体来说，按各城市群保险业发展指标值均值的大小将 k 个城市群排序，如公式（2.13）所示。G_{jj} 表示 j 地区内基尼系数，G_w 表示 j 地区差距贡献，如公式（2.14）和公式（2.15）所示，其中，$p_j = n_j/n$，$s_j = n_j\bar{y}_j/n\bar{y}$。$G_{jh}$ 表示 j、h 间的地区间基尼系数，G_{nb} 表示地区间净值差距贡献，分别如公式（2.16）和公式（2.17）所示。G_t 表示超变密度，如公式（2.18）所示。D_{jh} 表示 j、h 地区间保险业发展的相对影响，如公式（2.19）所示。$F_j(y)$ 为 j 地区或城市的分布函数，d_{jh} 为 j、h 城市间保险业发展相应指标值的差值，其表示成 j、h 城市中 $y_{ji} - y_{hr} > 0$ 的样本值数学期望。此外，p_{jh} 为超变一阶矩，其表示成 j、h 城市中 $y_{hr} - y_{ji} > 0$ 的样本值数学期望。

$$\bar{y}_h \leqslant \cdots \leqslant \bar{y}_j \leqslant \cdots \leqslant \bar{y}_k \tag{2.13}$$

$$G_{jj} = \frac{\sum_{i=1}^{n_j}\sum_{r=1}^{n_h} | y_{ji} - y_{hr} |}{2{n_j}^2\bar{y}_j} \tag{2.14}$$

$$G_w = \sum_{j=1}^{k} G_{jj}p_j s_j \tag{2.15}$$

$$G_{jh} = \frac{\sum_{i=1}^{n_j}\sum_{r=1}^{n_k} | y_{ji} - y_{hr} |}{n_j n_h(\bar{y}_j + \bar{y}_h)} \tag{2.16}$$

$$G_{nb} = \sum_{j=2}^{k}\sum_{h=1}^{j-1} G_{jh}(p_j s_h + p_h s_j) D_{jh} \tag{2.17}$$

$$G_t = \sum_{j=2}^{k}\sum_{h=1}^{j-1} G_{jh}(p_j s_h + p_h s_j)(1 - D_{jh}) \tag{2.18}$$

$$D_{jh} = \frac{d_{jh} - p_{jh}}{d_{jh} + p_{jh}} \tag{2.19}$$

$$d_{jh} = \int_0^{\infty} \mathrm{d}F_j(y)\int_0^{y}(y - x)\mathrm{d}F_h(x) \tag{2.20}$$

$$p_{jh} = \int_0^{\infty} \mathrm{d}F_h(y)\int_0^{y}(y - x)\mathrm{d}F_j(x) \tag{2.21}$$

（2）核密度（kernel 密度）估计方法

作为一种非参数检验方法，kernel 密度估计方法用连续核密度曲线来表示所研究对象的分布形态。非参数核密度估计方法无须事先设定函数分布形式，能够避免主观先验产生的偏差。由于空间基尼系数、区位熵等大部分指标仅通过数值结果来反映所研究对象变化趋势，无法准确描述所研究对象分布情况。核密度估计方法从数据样本本身出发研究其分布情况，能够较好地描述研究对象的不均衡分布特征。

kernel 密度估计方法基于核函数对随机变量概率密度进行估计，进而得到其密度曲线。假定随机变量 X 在 x_0 处的概率密度为 $f(x_0)$，随机变量 X 的密度函数如公式（2.22）所示。

$$f(x) = \frac{1}{Nh}\sum_{i=1}^{N} K[(X_i - x)/h] \tag{2.22}$$

其中，函数 K（·）为核函数，具有概率密度性质。核函数主要包括二次核函数、高斯核函数、均匀核函数、三角核函数、伽马核函数等。由于 Epanechnikov 内核（伊番科尼可夫核或二次核）在均方误差意义下是最优的，效率损失也很小，所以本书选择 Epanechnikov 核函数进行估计。h 为带宽，是一个平滑参数，采用默认值（half - width of kernel），N 为观测值数，带宽 h 越大，估计的密度函数 $\hat{f}(x)$ 越光滑。

2.3.2　保险业空间集聚分析方法

（1）探索性空间数据分析方法

探索性空间数据分析方法（ESDA 方法）是检验某要素属性值与其空间邻域上属性值是否相关或趋同的重要方法。ESDA 方法通过对所研究要素属性值的空间分布格局或空间关联程度来揭示其中的空间关联或集聚特征，即通过 Moran's I 指数和 Moran 散点图分析区域或城市间属性值的空间相关性和空间集聚性。ESDA 方法包括全局空间自相关和局部空间自相关。全局 Moran's I 指数用来进行全局空间自相关分析，其表达如公式（2.23）所示。

$$I = \frac{n\sum_{i=1}^{n}\sum_{j=1}^{n} w_{ij}(x_i - \bar{x})(x_j - \bar{x})}{\sum_{i=1}^{n}\sum_{j=1}^{n} w_{ij}\sum_{i=1}^{n}(x_i - \bar{x})^2}, \quad \bar{x} = \frac{1}{n}\sum_{i=1}^{n} x_i \tag{2.23}$$

其中，x_i 表示第 i 个城市单元的保险业发展指标的观测值，n 表示城市单元数目，w_{ij} 表示空间权重矩阵要素，本书将两城市间地理距离二次方的倒数作为空间权重矩阵要素。Moran's I 指数取值范围为［-1，1］，当 Moran's I 指数值明显大于零时，则表示各城市或地区属性值间存在空间正相关关系；当 Moran's I 指数值明显小于零时，则表明存在空间负相关关系；当 Moran's I 指数值越接近于零时，则表明各城市或地区属性值间的相关程度越小，空间随机分布特征越明显。

此外，局部空间自相关可以通过 Moran 散点图对空间单元集聚特征进行可视化分析，Moran 散点图的四个象限包括第一象限——"高-高"集聚模式（H-H，高观测值被高观测值所包围）、第二象限——"低-高"集聚模式（L-H，低观测值被高观测值所包围）、第三象限——"低-低"集聚模式（L-L，低观测值被低观测值所包围）和第四象限——"高-低"集聚模式（H-L，高观测值被低观测值所包围）。

（2）空间马尔可夫链和 LISA 马尔可夫链

与传统马尔可夫链相比，空间马尔可夫链将空间滞后算子引入其中，它可以用来分析某种现象在时空上的动态转移特征。空间马尔可夫链通过空间滞后算子将空间权重矩阵（w）与各城市保险业发展指标观测值（y_j）的乘积来确定每个城市保险业发展的邻域状态，也就是说，某城市或地区的空间滞后水平是该城市或地区邻域的加权平均值（$\sum_j w_{ij}y_j$）。在传统马尔可夫链下，传统马尔可夫矩阵为 $k \times k$ 矩阵，在空间马尔可夫链下，若以城市 j 在初始年份 t_0 的空间滞后类型（k）为条件，空间马尔可夫转移矩阵包含

k 个 $k \times k$ 条件转移概率矩阵，空间马尔可夫转移矩阵元素可表示为公式（2.24），其中，空间转移概率 p_{ijk}（t，$t+1$）表示城市在以 t 年份的空间滞后类型 k 为前提条件，其类型 i 在 $t+1$ 年份转移为类型 j 的概率，即通过计算空间转移概率矩阵，本部分将利用城市间空间邻接权重定义城市空间尺度上的空间关系。

$$p_{ijk}(t,t+1) = p\{Y(t+1) = j \mid Y(t) = i, WY(t) = K\} \tag{2.24}$$

LISA 马尔可夫链不仅能够衡量空间关联指标的空间集聚模式分布，还能揭示这种空间集聚模式分布在某时间段内的演化过程。基于 LISA 马尔可夫链的空间集聚模式动态分布演化类型主要包括向外扩散路径和向内扩散路径。向外扩散转移路径表示当空间滞后值随着时间推移不断提高时，观测值会相应地提高或下降，即具体可分为饱和型向外扩散（“高－低”—“高－高”）和取代型向外扩散（“高－低”—“低－高”）。向内扩散转移路径表示当观测值随着时间推移不断提高时，空间滞后值会相应地提高或下降，即分为饱和型向内扩散（“低－高”—“高－高”）和取代型向内扩散（“低－高”—“高－低”）。

2.3.3　保险业空间集聚效应分析方法

在 1988 年，学者 Anselin 在 *Spatial Econometrics*：*Methods and Models* 一书中提出了空间计量经济学定义，它是在区域科学领域中研究由空间引起的各种特性的一系列方法，也是处理地理单元空间关系的一门计量经济学分支，分析不同空间单元（县、州、区域、城市、邮政编码以及自治区等）间的空间互动效应，解释空间单元、个体、企业间的关系，它是传统计量经济学的更为“一般”形式（Elhorst，2014）[124]。与传统计量经济学相比，空间计量经济学更关注对空间数据和空间效应（空间依赖性和空间异质性）的研究，空间异质性是指某空间单元间存在的结构不稳定关系引起的观测值非同质现象。空间依赖性是指空间单元观测值之间存在稳定的函数关系。较多文献将“空间作用”的含义等同于“空间效应”，也有文献将空间溢出效应与空间效应的概念相混淆，但在空间计量经济学模型中，这两者之间并非等价关系，正如前文中提到的，空间效应是一个特指空间相关性与空间异质性的术语。LeSage 和 Pace（2009）认为空间单元变量变动会对其他单元产生空间影响，即空间溢出效应[125]。不难看出，空间溢出是产生空间效应的原因之一。

近几年，空间计量经济学模型已被广泛应用于多个研究领域，特别是空间滞后模型与空间误差模型，但考虑到未被观测变量、因变量以及遗漏变量可能会影响空间单元间关系，与上述两类模型相比，更为一般的模型形式——空间杜宾模型（SDM）具有明显优势（LeSage，2014b）。它能够较好地解决空间异质性、遗漏变量等问题。作为计量经济学的一个分支，空间计量经济学研究方法逐渐被广泛认可，且已被应用于多个领域的研究中。

第 3 章　我国保险业发展与保险业空间集聚的演化机理

本章将阐述保险业空间集聚的形成与演进机理，从保险业空间集聚的内涵来看，保险业空间集聚既包括保险基础要素、保险机构和业务以及保险功能等方面在时间维度上的集中或成长的动态变化过程，也包含经上述变化在空间上的分布状态或结果。

金融产业集聚过程可以理解为金融中心的形成过程，在该过程中大量金融机构或中介服务机构集中于某区域或城市（Pandilt，2002；饶余庆，1997）[126][127]。与传统产业分析视角不同，本章从空间视角对我国保险业集聚的特点、影响因素以及演化机制等方面进行分析。首先，以我国保险业发展现状为基础，阐述我国保险业空间集聚的产业特征。其次，基于自由资本模型（FC 模型）建立保险业空间集聚模型，分别探讨对称和非对称条件下保险业空间集聚的短期均衡和长期均衡，进一步分析我国保险业空间集聚动因和演进机制。

3.1 我国保险业发展特征分析

3.1.1 我国保险业发展情况

（1）我国保险公司发展情况

①我国保险主体情况

从表3－1中可以看出，我国保险公司从2005年的77个增加至2015年的158个，省级分公司从2005年的700个增加至2015年的1862个，中支及中支以下机构从2005年的44650个增加至2015年的77298个。其中，中资公司从2005年的40个增加至2015年的102个，外资公司从2005年的37个增加至2015年的56个。保险从业人员从2005年的175万人增加至2015年的579万人，保险营销人员从2005年的149万人增加至2015年的473万人。从保险公司机构数量和保险从业人员数量可以看出，2005—2015年期间，我国保险市场保险公司数量和从业人员数目增长迅速，保险市场发展相对较快。

具体来说，以2015年为例，我国省级保险分公司达到1862家，中支分公司及其以下营业性机构达到77298家。我国国内保险公司在2015年达到158家，保险集团公司达到11家，保险资产管理公司达到21家。从资本结构看，中资和外资保险公司分别达到102家和56家。其中，中资和外资产险公司分别为51家和22家，中资和外资寿险公司分别为48家和28家，中资和外资再保险公司分别为3家和6家。我国保险行业从业人员在2015年达到578.65万人。

表 3－1　2005—2015 年我国保险机构数量和从业人员情况

年份	保险集团	保险公司	保险资产管理公司	其他公司	中资公司	外资公司	省级分公司	中支及以下	从业人员/万人	营销人员/万人
2005	6	77	6	—	40	37	700	44650	175	149
2006	7	91	9	—	50	41	810	48100	199	156
2007	8	102	10	—	59	43	940	57191	257	207
2008	8	112	10	—	64	48	1172	62653	323	263
2009	8	121	10	—	69	52	1208	66818	350	286
2010	8	126	10	—	73	53	1294	68061	347	278
2011	10	130	11	1	79	51	1619	68968	354	280
2012	10	138	15	1	86	52	1644	71126	366	276
2013	10	143	18	3	89	54	1700	73810	377	290
2014	10	149	18	3	93	56	1766	75097	420	325
2015	11	158	21	4	102	56	1862	77298	579	473

②我国保险业务发展情况

从图 3－1 中可以看出，我国保费收入从 2005 年 1609 亿元增长至 2015 年的 24282.5 亿元，从保费收入年增长幅度可以看出，除 2011 年出现下降外，增幅在其余年份均大于零，即保费收入除 2011 年外，其余年份均呈增长趋势，其增幅在 2001 年、2002 年、2003 年、2007 年、2008 年、2010 年以及 2015 年均超过 20%。其中，我国保费收入在 2015 年达到 24282.5 亿元，其增长幅度达到 20%。寿险业务保费收入和财产险业务保费收入分别达到 13242 亿元和 7995 亿元，其增长幅度分别为 21% 和 11%。

从表 3－2 中可知，从区域保费收入变化趋势来看，东

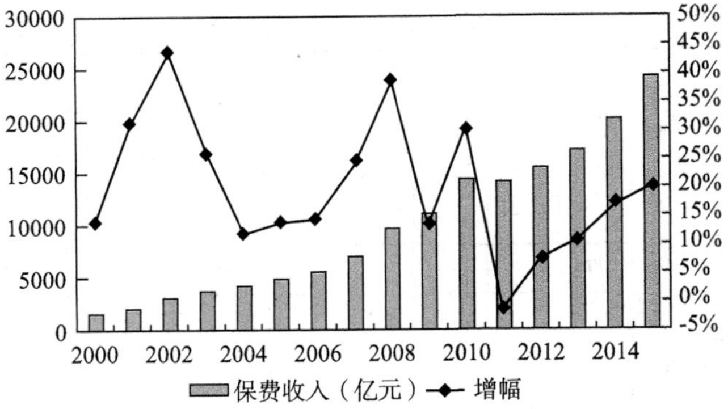

图 3-1　2000—2015 年保费收入及增幅变化趋势

部地区保费收入占比最大，中部地区次之，西部地区最小。东部地区保费收入从 2005 年的 3119 亿元逐年增加至 2015 年的 13951 亿元，其占比整体上呈下降趋势，由 2005 年的 63%下降至 2015 年的 58%。中部地区保费收入从 2005 年的 1018 亿元逐年增加至 2015 年的 5622 亿元，其占比整体上呈上升趋势，由 2005 年的 21%增加至 2015 年的 23%。西部地区保费收入从 2005 年的 792 亿元逐年增加至 2015 年的 4629 亿元，其占比整体上呈上升趋势，由 2005 年的 16%增加至 2015 年的 19%。尽管中部和西部地区原保险保费收入占比均呈现出增加趋势，但整体来看，中部和西部地区保费收入占比与东部地区的保费收入差距较大。

表 3-2　2005—2015 年各区域保费收入情况 单位：亿元

年份	东部	占比	中部	占比	西部	占比
2005	3119.18	63%	1017.55	21%	792.25	16%
2006	3493.13	62%	1212.11	22%	918.47	16%

续表

年份	东部	占比	中部	占比	西部	占比
2007	4340. 70	62%	1487. 15	21%	1189. 09	17%
2008	5749. 76	59%	2287. 46	23%	1731. 89	18%
2009	6517. 86	59%	2583. 10	23%	2011. 15	18%
2010	8507. 55	59%	3371. 42	23%	2606. 20	18%
2011	8224. 19	57%	3375. 52	24%	2684. 95	19%
2012	8955. 06	58%	3526. 23	23%	2922. 35	19%
2013	9939. 69	58%	3876. 60	23%	3320. 70	19%
2014	11710. 00	58%	4599. 16	23%	3829. 57	19%
2015	13950. 91	58%	5621. 72	23%	4629. 24	19%

其中，在 2015 年，我国东部、中部和西部地区的原保险保费收入分别为 13951 亿元、5622 亿元和 4629 亿元，其占全国总保费收入的比重分别为 58%、23% 和 19%。

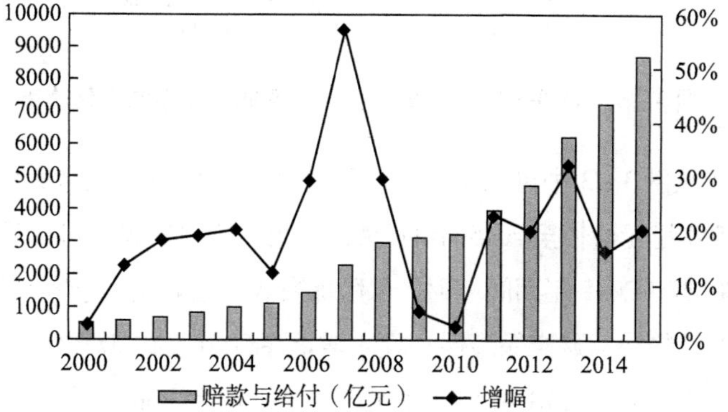

图 3－2　2000—2015 年总体赔款与给付及增幅变化趋势

从图 3－2 中可以看出，我国保险总体赔款与给付从 2000 年的 527 亿元增加至 2015 年的 8674 亿元，其增幅在各年份中均大于零，总体赔款与给付在 2006 年、2007 年、2008 年以及 2013 年等年份出现明显增长。在 2015 年，我国保险公司赔款与给付支出累计达到 8674 亿元，同比增长率达到 20%。财产保险业务赔款支出和寿险业务给付金额分别为 4194 亿元和 3565 亿元，同比增长率分别为 11% 和 31%

③我国财产保险业务发展情况

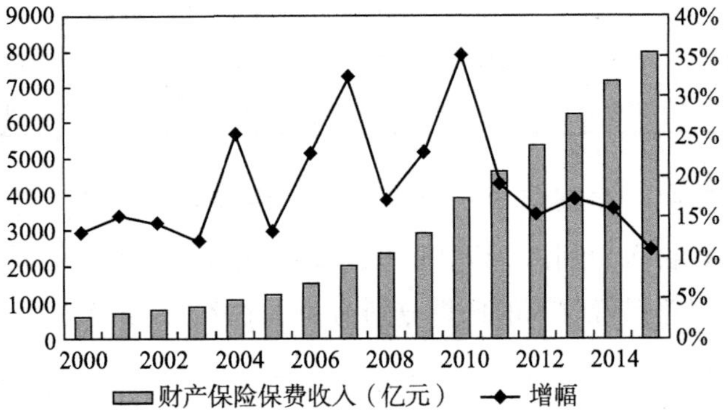

图 3-3　2000—2015 年财产保险保费收入及增幅变化趋势

从图 3-3 中可以看出，我国财产保险保费收入从 2000 年的 598 亿元增长至 2015 年的 7995 亿元，从增长幅度可以看出，2000 年到 2015 年期间，财产保险保费收入增幅均大于零，呈持续增长趋势，财产保险保费收入增幅在 2004 年、2006 年、2007 年、2009 年、2010 年均超过 20%，增幅较为明显。

表 3-3 为 2015 年我国财产保险保费收入结构的组成，我国财产保险主要涉及机动车辆保险、企业财产险、农业保险、保证保险、货运保险、信用保险以及责任保险等方面。

表 3－3　2015 年财产保险保费收入结构

种类	机动车辆保险	企业财产险	农业保险	保证保险	货运保险	信用保险	责任保险	其他
财产保险保费收入/亿元	6199	386	375	208	88	193	302	244
占比（%）	77.5%	4.8%	4.7%	2.6%	1.1%	2.4%	3.8%	3.1%

关于原保险保费总收入，以 2015 年为例，财产保险业务原保险保费收入 7995 亿元，同比增长 11%，增幅较上年同期下降 5 个百分点。具体来看，在 2015 年，我国机动车辆保险、企业财产保险、农业保险、保证保险、货运保险、信用保险以及责任保险的原保险保费收入分别为 6199 亿元、386 亿元、375 亿元、208 亿元、88 亿元、193 亿元和 302 亿元，占财产保险业务的比例分别为 77.5%、4.8%、4.7%、2.6%、1.1%、2.4%和 3.8%。

图 3－4 中，2000—2015 年财产保险业务赔款支出呈逐年增长的态势，我国财产保险业务赔款支出从 2000 年的 305 亿元增加至 2015 年的 4194 亿元，其增幅在各年份中均大于零，财产保险业务赔款支出在 2008 年和 2012 年的增幅较大，分别达到 38%和 29%。在 2015 年，我国财产保险业务赔款支出为 4194 亿元。其中，机动车辆保险赔款支出、企业财产保险赔款支出、责任保险赔款支出、农业保险赔款支出和货运保险赔款支出分别为 3336 亿元、216 亿元、129 亿元、237 亿元和 46 亿元。

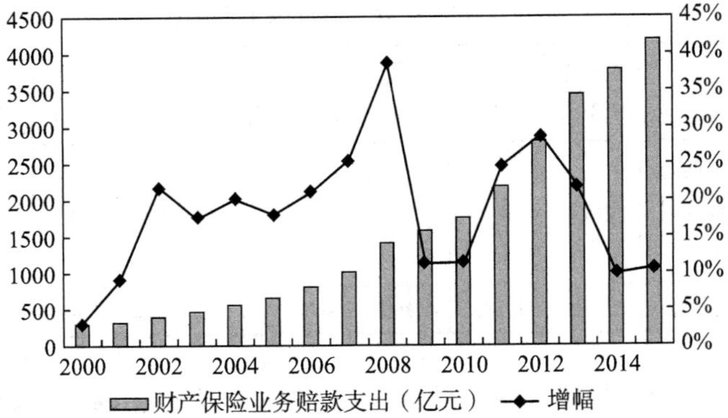

图 3-4　2000—2015 年财产保险业务赔款支出及增幅变化趋势

④我国人寿保险业务发展情况

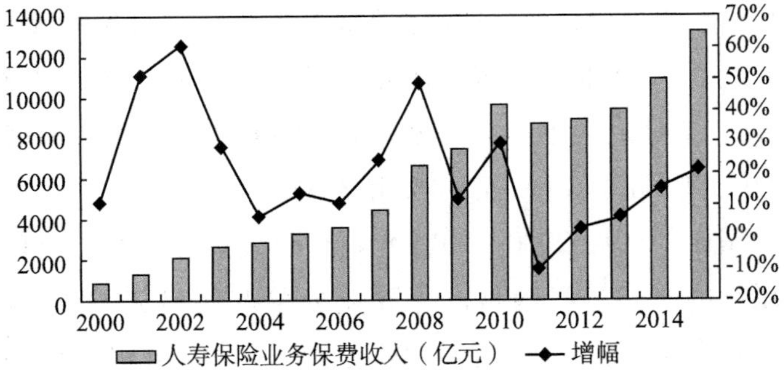

图 3-5　2000—2015 年人寿保险业务保费收入及增幅变化趋势

从图 3-5 中可以看出，我国人寿保险业务保费收入从 2000 年的 851 亿元增长至 2015 年的 13242 亿元。从增长趋势来看，可以大致分为两个阶段：2000—2010 年和 2011—2015 年。在 2000—2010 年，我国人寿保险业务保费收入呈逐年增长趋势，各年份的增长率均明显大于零，在 2001 年、2002 年、2003 年、2007 年、2008 年以及 2010 年的增长率均超过 20%，分别达到 51%、61%、29%、24%、49% 和 30%。在 2011—2015 年，我国人寿保险业务保费收入从 2011 年的 8696 亿元增加至 2015 年的 13242 亿元，增长率从 -10% 增加至 21%，呈逐年增加的稳定趋势。其中，在 2015 年，人寿保险公司银邮代理业务、个人代理业务以及公司直销业务的原保险保费收入分别为 6617 亿元、7533 亿元和 1338 亿元，同比增长率分别为 34%、22% 和 6%，三者业务在人寿保险公司业务总量中的占比分别为 42%、48% 和 8%。

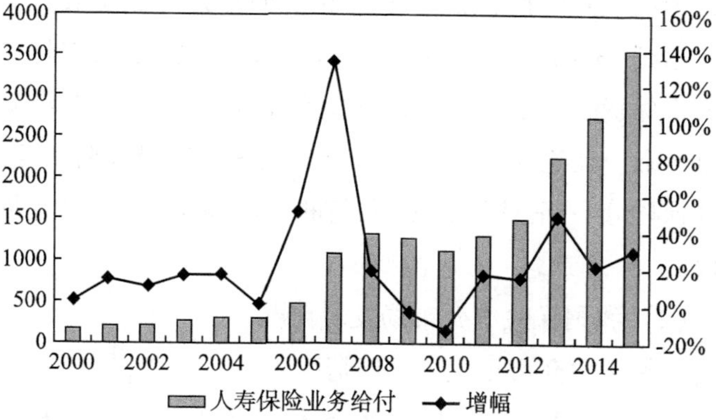

图 3-6　2000—2015 年人寿保险业务给付及增幅变化趋势

图 3-6 中，我国人寿保险业务给付从 2010—2015 年呈逐年稳步增长的态势，从 2010 年的 1109 亿元增加至 2015 年的 3565 亿元，而其值在 2000—2009 年波动幅度较大，其增幅在 2009 年和 2010 年中均小于零，而增幅在 2006 年、2007 年和 2013 年分别达到 51%、133% 和 50%。在 2015 年，人身保险业务赔款与给付支出 4480 亿元，同比增长 31%。而人寿保险业务给付支出 3565.17 亿元，同比增

长31%。

⑤各保险公司业务发展情况

在2015年，财产保险公司和人身保险公司共实现原保险保费收入分别为8423亿元和15859亿元，分别占保险市场原保险保费收入的35%和65%。从市场集中度情况来看，在财产保险市场中，人保财险、太平洋产险以及平安产险在财险市场中占据主导地位，三者原保险保费收入之和占比达到64%，而中华联合财险、大地财险、中国人寿财险三者原保险保费收入之和占比达到14%。在人身保险市场中，中国人寿股份、太平洋人寿和平安人寿保费收入之和占比达到43%，而人保寿险、新华人寿、太平人寿以及泰康人寿保费收入之和占比达到23%，较上年同期下降2.81个百分点。无论在财产保险市场，还是在人身保险市场中，我国保险市场正处于由寡头垄断向垄断竞争方向发展的阶段。

（2）我国保险中介市场发展情况

①保险中介市场主体发展情况

表3－4显示了2005—2015年我国保险中介机构的数量，它包括保险经纪公司、保险代理公司和保险公估公司。如表3－4所示，专业保险中介机构数目从2005年的1800家增加至2015年的2503家，在兼业保险代理机构方面，兼业保险代理机构涉及银行、邮政、铁路、航空、车商以及其他方面。兼业保险代理机构从2005年的约12万家增加至2015年的约21万家，专业保险中介机构和兼业保险代理机构数量的增长速度较快。具体来说，我国保险专业中介机构在2015年有2503家，兼业代理机构网点约21万家。其

中，在保险专业中介机构中，保险专业代理机构、保险公估机构以及保险经纪机构的数量分别为 1719 家、333 家和 445 家。

表 3－4　2005—2015 年我国保险中介机构数量

年份	2005	2006	2007	2008	2009	2010	2011	2012	2013	2014	2015
专业保险中介机构/个	1800	2110	2331	2445	2570	2550	2554	2532	2525	2546	2503
兼业保险代理机构/万个	12	14	14	14	15	19	20	21	22	21	21

②保险中介市场业务发展情况

在 2015 年，我国保险公司通过中介渠道实现保费收入 19760 亿元，约占总保费收入的 81%。其中，实现财产保险保费收入和人身保险保费收入分别为 5240 亿元和 1421 亿元，分别占总财产保险保费收入和人身保险保费收入的 62% 和 92%。

在保险专业中介渠道方面，2015 年，我国保险专业中介渠道实现保费收入 1733 亿元，其中，保险专业代理机构渠道、保险经纪机构渠道以及保险公估机构实现保费收入 1152 亿元、559 亿元和 22 亿元，同比增长率分别为 19%、11% 和 －1%。

在保险兼业代理渠道方面，2015 年，全国保险兼业代理渠道实现保费收入 8798 亿元，占全国总保费收入的比例达到 36%，同比增长率达到 26%。其中财产保险保费收入和人身保险保费收入分别为 1983 亿元和 6815 亿元，同比增长率分别为 4% 和 33%，人身险保费收入的增幅较为明显。

在保险营销渠道方面，2015 年，全国保险营销渠道实现保费收入 9252 亿元，其占全国总保费收入的比例达到 36%，同比增长率达到 21%。其中，财产保险保费收入和人身保险保费收入分别为 1719 亿元和 7533 亿元，同比增长率分别为 16% 和 22%。

3.1.2 我国保险业集聚趋势分析

产业集聚程度的衡量指标通常包括行业地区集中度、赫芬达尔指数以及区位熵，区位熵指数不仅能够消除地区规模差异，而且还能反映地理要素的空间分布，以及行业相对集中程度。故首先采用区位熵测度各城市保险业的集聚程度，其计算公式为 $LQ_{ij} = (E_{ij}/E_i)/(E_j/E)$，其中，$LQ_{ij}$ 表示城市 i 行业 j 的区位熵，E_i 表示城市 i 内所有行业的产值（就业人数等），E_j 表示全国范围内行业 j 的产值（就业人数等），E 表示全国范围内所有行业的产值（就业人数等），E_{ij} 表示城市 i 行业 j 的产值（就业人数等）。关于保险业区位熵，以各城市保险业保费收入占该城市 GDP 的比重除以全国保费收入占全国 GDP 比重计算，即采用保险业区位熵（LQ）来测度各城市保险业集聚程度，以研究各城市保险业是否具有外向辐射特征。当城市区位熵大于 1 时，说明该城市保险业具有外向辐射功能。LQ 值越大，说明该城市保险业集聚程度越高，保险资源越多。

通过保险业区位熵公式计算 2005—2015 年九大城市群各城市保险业区位熵值，其变化趋势如图 3－7 所示。以 2015 年为例，各城市群保险业区位熵的描述性统计如表 3－5所示。表 3－5 中，在 2015 年，京津冀城市群的保险业区位熵平均值最大，其值为 1.1，说明京津冀城市群保险业集聚程度较高，而北部湾城市群的保险业区位熵平均值最小，其值为 0.702，其标准差在九大城市群中最大，达到 0.357，说明北部湾城市群保险业集聚程度较低，且其内部各城市保险业区位熵值相差较大。此外，表 3－5 中最后一列为 2015 年各城市群中区位熵大于 1 的城市，这些城市保险业集聚程度相对较高，其保险业发展具有外向辐射特征。其中，北京市保险业区位熵值最大，其值达到 1.691，说明北京市保险业的集聚程度最高，其外向辐射功能较强。

表 3－5　2015 年各城市群保险业区位熵的描述性统计

城市群	最小值	最大值	平均值	标准差	区位熵大于 1 的城市
京津冀	0.671	1.691	1.100	0.299	5 个，北京、承德、秦皇岛、保定、石家庄
辽中南	0.657	1.204	0.881	0.154	2 个，沈阳、丹东
哈长	0.492	1.106	0.788	0.190	2 个，齐齐哈尔、哈尔滨
长三角	0.419	1.299	0.805	0.211	5 个，上海、南京、安庆、杭州、金华
中原	0.603	1.658	0.964	0.254	9 个，郑州、长治、邢台、宿州、亳州、南阳、阜阳、濮阳、运城
长江中游	0.456	1.257	0.726	0.195	4 个，黄冈、荆州、宜春、吉安
珠三角	0.460	1.361	0.896	0.244	6 个，广州、深圳、江门、中山、珠海、东莞
北部湾	0.342	1.598	0.702	0.357	2 个，南宁、海口
成渝	0.662	1.480	0.981	0.188	6 个，成都、重庆、南充、雅安、资阳、眉山

在图 3－7 中，样本考察期内，各城市群保险业区位熵的变化趋势不尽相同，京津冀城市群的区位熵均大于 1，并

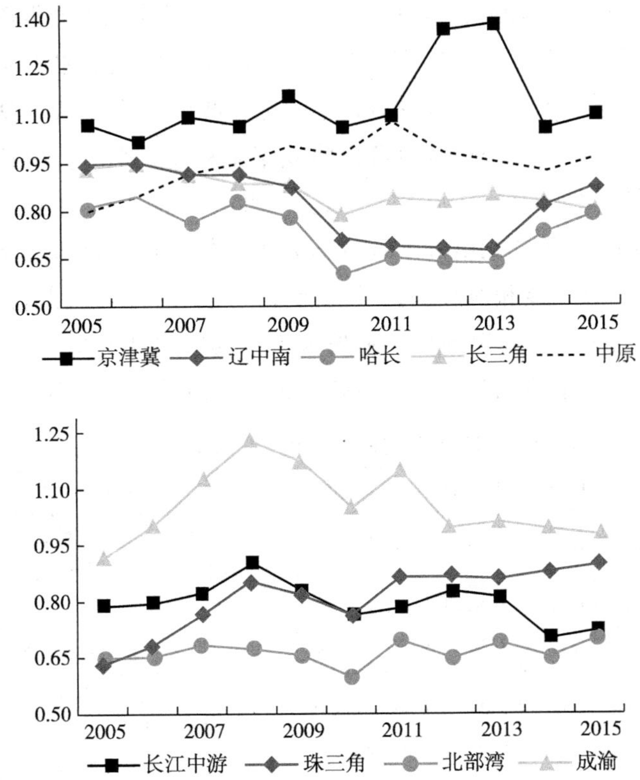

图 3－7　2005—2015 年九大城市群保险业区位熵的变化趋势

在 2013 年达到最高点，呈先上升后下降趋势。中原城市群区位熵在 2005—2013 年呈先上升后下降并趋于平稳态势，其最大值出现在 2011 年，与之相类似，成渝、北部湾和长江中游城市群的保险业区位熵总体上呈先上升后下降并趋于平稳态势，其值均在 2008 年达到最高点。长三角、辽中南和哈长城市群保险业区位熵总体上呈先下降后上升趋势。总体来看，长江中游、珠三角、北部湾和成渝城市群保险区位熵值在2005—2010年均呈先上升后下降趋势，均在2008年达到最高点，珠三角、北部湾城市群在2011—2015年呈稳中有升趋势，而成渝和长江中游城市群在2011—2015年整体上呈下降趋势。

虽然传统区位熵方法已被广泛应用于金融集聚水平的测度，但多数研究仅仅考察保费收入或保险密度等单一指标，无法全面准确表述城市保险资源集聚水平。本书将进一步通过构建包含保费收入、保险密度、保险深度、保险公司分支机构数量、金融从业人员、金融业投资额指标的多元指标评价体系，并采用主成分分析法测算各城市保险业集聚指数。在KMO和Bartlett's球状的检验中，KMO取值为0.712，大于0.5，Bartlett's球状检验值为1684.511，对应P值为0.00，即保险业集聚的多元指标评价体系符合主成分分析条件。方差分解中前两个主成分累计贡献度达到91.58%，故选取前两个主成分作为测度各城市保险业集聚水平的标准，即在计算两个主成分中每个指标所对应系数的基础上，以每个主成分所对应的特征值占所提取主成分总特征值之和的比例作为权重计算综合主成分分值。各城市群保险业集聚指数的计算结果如图3-8所示。

在2015年，九大城市群保险业集聚指数前两名依次是北京和天津、沈阳和大连、哈尔滨和长春、上海和南京、郑州和运城、武汉和南昌、深圳和广州、海口和南宁以及成都和重庆，这些城市保险资源相对较多，集聚程度较高。此外，排名靠前的城市绝大部分为直辖市、副省级城市以及省会城市，这些地区聚集了大量的保险公司总部或省级分公司，其外向辐射功能较强。图3-8中，各城市群保险业集聚指数的整体变化趋势相类似，除成渝城市群在样本期间呈稳定上升趋势外，其余城市群保险集聚指数总体上均表现出先上升后下降再上升的趋势，具有阶段性特征。总体来看，京津冀城市群保险业集聚指数明显高于其余城市群。长三角和珠三角城市群保险业集聚指数值仅次于京津冀城市群，两者各年份保险业集聚指数值相差不大，且变化趋势几乎一致。而长江中游、北部湾和哈长城市群的保险业集聚指数还处于较低水平。

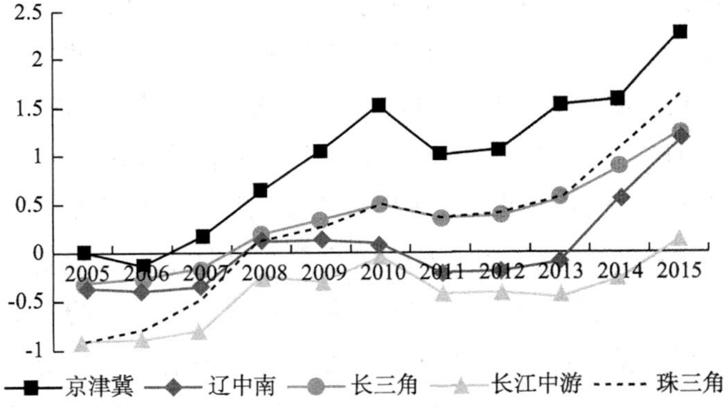

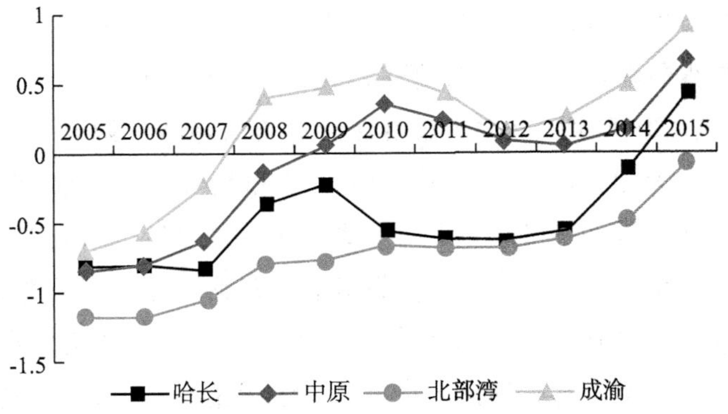

图 3-8　2005—2015 年九大城市群保险业集聚指数的变化趋势

需要说明的是，由于基于主成分分析法测算的城市保险业集聚指数涵盖了城市保费收入、保险密度、保险深度、保险公司分支机构数量等多方面的信息，故在接下来进行保险业空间集聚演进机制和动因分析以及空间溢出效应分析时，将采用城市保险业集聚指数来衡量城市保险业集聚水平。

3.2　我国保险业空间集聚的形成条件

保险业空间集聚与保险业本身所具有的产业属性存在密切关系，本书主要从规模经济、市场竞争、空间成本、要素流动等方面阐述我国保险业空间集聚的形成条件。

3.2.1　规模报酬递增性

我国保险业具有规模报酬递增性，规模经济是金融产业集聚的动力之一，金融集聚效应提高了跨地区支付效率和金融资源配置效率（Kindleberge，1974）。传统规模经济假说认为，企业在特定时期通过扩大生产规模增加产品绝对量，其单位成本不断下降，即企业通过降低平均成本来获取高额利润[22]。Gardner 和 Grace（1993）、Sommer（1996）、Cummins 和 Nini（2002）以及 Liebenberg（2008）等学者认为保险行业具有典型规模经济效应，规模较大的公司可以凭借其强大的市场力量吸引市场中的潜在消费者，扩大市场份额，分摊公司产品服务成本，提高公司经营效率（Berger，1995）[128—132]。

在规模报酬递增条件下，保险公司的经营效率、利润或收益等方面随着行业或公司规模的增加而提高，其主要来源于保险公司内部规模经济和保险行业规模经济，一方面，受技术水平提高和经济外部性的影响，保险公司单位营运成本在其资产规模增加、分支机构扩张以及公司保险业务员工数量增加的同时呈下降趋势，从而获得高额收益，产生保险公司内部规模经济效应。另一方面，外部规模经济通过直接作用于保险产业本身来促进保险业集聚形成，如特定区域内保险公司或保险中介机构集中或空间邻近，为行业内部知识信息溢出和共享辅助性产业提供了条件，提高了保险行业整体运行效率。另外，保险公司或机构通过与其他金融机构间的合作（银保合作、证保合作等跨专业业务形式），使其单位成本降低，形成保险行业规模经济。

此外，追求规模经济也是保险公司识别、承担和管理风险的内在要求。公司经营规模的扩大将会增加同类型产品标的物的风险数量，从而使得风险发生频率与理论期望值相近，保险公司进一步可以通过风险转嫁机制等途径管理风险，提高其资金运用的能力，达到降低保险公司实际单位成本目的。相关实证检验也支持上述观点，如 Hirao 和 Inoue（2004）通过构建误差成分模型研究认为，日本财产和意外保险公司在经营过程中均存在明显的规模经济[133]。Fenn 等（2008）以 14 个欧盟国家保险业为研究对象，运用 SFA 方法研究认为规模经济显著存在，保险业兼并收购有效地提高了保险业的效率[134]。林嘉楠（2008）以我国 16 家具有代表性的保险公司为研究样本，实证表明我国保险公司在整体上存在规模经济效应，但相比于规模小的保险公司，规模大的保险公司的规模经济效应并不明显[135]。

3.2.2 垄断竞争特性

市场集中度反映了一个市场竞争或垄断程度。在前文分析中，在2015年，我国财产保险公司共实现原保险保费收入8423亿元。其中，太平洋产险、人保财险以及平安产险在财产保险市场中占有主导地位，三者保险保费收入之和占财产保险公司总额的64%。我国人身保险公司共实现原保险保费收入15859亿元，占保险市场原保险保费总收入的65%。中国人寿股份、太平洋人寿、平安人寿原保险保费收入合计的市场份额为43%，较上年同期减少5个百分点。随着时间推移，我国保险市场由寡头垄断性市场向竞争性市场过渡，但我国保险业市场集中程度依然较高。

如表3-6所示，表中第二行表示2008—2015年，太平洋产险、人保财险以及平安产险三者保险保费收入占财产保险公司保费收入总额的比例。表中第三行表示2008—2015年，在各人身保险公司中，中国人寿股份、太平洋人寿、平安人寿原保险保费收入占人身保险公司原保险保费收入的比例。从表3-6中可以看出，太平洋产险、人保财险以及平安产险三者保险保费收入占财产保险公司保费收入总额的比例在2008—2015年大致呈先上升后下降的趋势，由2008年的64%上升至2011年的67%，后下降至2015年的64%。此外，中国人寿股份、太平洋人寿、平安人寿原保险保费收入总和所占比例在2008—2015年的下降趋势较为明显，由2008年的63%下降至2015年的43%，下降幅度较大。不论从财产保险公司还是从人身保险公司的角度来看，随着时间的推移，中国保险业的集中程度大致呈下降趋势，即我国保险业市场正由寡头垄断市场经由寡占市场逐步向垄断竞争市场结构过渡，市场竞争程度处于不断深化的态势。

表 3-6　2008—2015 年保险公司市场集中情况

年份	2008	2009	2010	2011	2012	2013	2014	2015
财产保险公司	64%	64%	66%	67%	65%	65%	65%	64%
人身险保险公司	63%	61%	56%	55%	55%	53%	48%	43%

从我国保险市场发展历史来看，我国保险市场结构变化具有阶段性特征。在 1990 年以前，我国保险市场处于初级发展阶段，在我国保险市场中，中国人保处于独大的阶段，中国人保公司市场份额在全国各地区保险市场中具有完全垄断的地位和影响力。1991—2002 年前后，我国保险市场在这一阶段逐步发展，外资保险公司开始进入国内，使得保险市场集中程度有所下降，但外资保险市场份额还处于较低水平，市场产品多元化程度并未明显提高，导致保险市场竞争性不足，我国整个保险市场还处于垄断性较强状态，属于寡占市场阶段。从 2002 年以来，随着我国保险制度的逐步完善，我国保险市场发展速度较快，保险市场集中度指数呈明显下降趋势，在此期间，外资进入保险市场的门槛有所降低，保险市场主体和保险中介市场主体数量迅速增加，产品多元化程度得到提高，保险市场竞争程度显著加剧，我国保险市场由寡占市场向垄断竞争市场发展。

3.2.3　空间交易成本及其形式

新经济地理学理论揭示了运输成本如何成为产业或企业空间集聚的重要决定力量，作为金融业一部分，尽管保险业在其保险产品生产和销售等过程中不存在原材料的运输成本，但这一过程中存在保险空间交易成本和空间拥挤成本两种成本，影响着保险产品空间成本。Gehrig（1998）、Zhao（2003）等学者认为“信息腹地”或“信息中心”是金融产业集聚形成的内在动因[110][112]，Porteous（1995）进一步将金融信息划分为标准化信息（可编码知识，Codified Knowledge）和非标准化信息（默示知识，Tacit Knowledge），并在此基础上讨论了金融保险市场主体进行区位选择时，其交易成本与地理区位因素之间的关系[109]。标准化信息（可编码知识）属于典型的可传播或易于传播的知识或信息，能够被标准化解读。非标准化信息（默示知识）具有很强的个人属性，难以被标准化解读或通过网络信息系统数据化传导。

保险信息也可以区分为保险标准化信息和保险非标准化信息。一方面，保险标准化信息主要是指保险交易过程中可采用信息手段对投保人和标的物等方面进行标准化或编码处理的信息，这类保险产品风险识别、管控和频率相对稳定，风险类型比较单一，属于可进行编码且采用信息手段交易的产品，如车险业务和意外伤害保险等。以财产保险公司业务中的普通机动车辆保险（车险）为例，投保人通过了解保险公司车险标准化信息并确定购买意向时，保险业务员将相关投保信息标准化后向保险公司传输，保险公司将相关信息经过核保等环节处理后签发保单。信息数据及其传输为保险产品正常交易起到了重要作用，保险标准化信息在收集、形成、传递和处理等过程中所产生的成本易受信息技术水平影响。在交易过程中，为避免发生道德风险或逆向选择问题，投保人与保险公司需要相互确认核心信息。此外，在出险理赔等诸多环节中，还需要面对面或实地现场勘察，这一系列过程都会产生空间交易成本。信息标准化保险业务的空间交易成本随着现代信息技术水平提高而降低，且保险交易在保险理赔等环节所产生的成本还与空间距离存在直接关系。另一方面，保险非标准化信息是指无法或难以对投保人、受益人以及标的物等方面进行标准化或编码处理的信息，这类保险业务需通过谈判或面对面交流，充分了解信息或知识，其交易成本相对较高。如人身保险市场的分红保险、投资连接保险、财产保险市场的责任保险、船舶保险等产品。保险公司营销员与投保人通过当面交流，进一步确认投保人实际情况与产品特性是否相符，使其知悉寿险产品的给付形式期限、风险状况等信息。医疗健康保险产品还需要沟通交流获取家庭和个人既往病史等内容。非标准化保险业务的空间成本更易受到空间距离的影响。

保险业属于高度信息化和知识化产业，保险知识属性体现在保险业务活动或保险交易中的知识内容和信息交流。保险业务经营活动离不开信息技术和信息要素，保险交易活动过程包括保险承保和出险理赔等环节，这一交易过程会涉及信息搜集、信息监督、谈判签约以及信息调查处理等各方面的成本。保险业交易成本主要体现在信息处理成本上，保险标准化信息的传输易受信息技术水平影响，信息技术水平的提高使得信息收集和处理等方面的成本降低。对于保险非标准化信息，保险业务交易活动往往需要面对面的交流，其交易成本与空间距离存在直接关系，如建筑安全责任保险等产品。

保险交易活动无论是在总、分保险机构之间，保险公司之间，还是在保险中介机构间，这一过程都会涉及保险信息的收集、解读、存储、传递、处理等诸多环节，大部分环节都需要依靠网络信息技术进行传递和处理。不同保险经营区域具有不同的限制条件，本书中所说的保险空间交易成本主要是指保险产品交易时所产生的成本。

3.2.4　要素流动特征

资本要素和劳动要素是保险产业或保险公司在正常发展过程中需要投入的关键要素。对于保险资本要素，区域间保险资本流动主要受区域间资本收益率差异和保险市场需求差异的影响，其中，资本收益率是保险资本要素流动的内在驱动力。保险资本流动的目的是资本收益最大化，这主要表现为保险资本规模扩张和分支机构的成立。此外，本地保险市场需求增加也会吸引保险资本投入，由此而产生更多的保险业务。对于保险资本要素，由于保险公司的经营区域受保险监管法规等制度约束，保险公司总部、省级分支机构以及中支机构等仅能够在许可经营范围内经营保险业务，保险分支机构的经营范围是特定的，省级保险分公司的经营范围为省或直辖市，保险中支公司和支公司的经营范围则分别对应着地级市层次城市和县级地区。而当保险公司跨区域经营保险业务时，保险公司需要向上一级报批审核并设立机构，这使得保险资本由层级相对较高的保险机构向其他区域层级相对较低的保险机构流动，保险资本跨区域流动的重要表现为保险分支机构的成立。保险分支机构可以向经营范围内的消费者提供保险产品销售及理赔服务，但其并不具备经营决策权和资本支配权。保险分支机构的产品业务收入会按照要求流向上一级机构，直至流向保险公司总部，而保险公司总部会向各保险分支机构拨付费用和赔付资金，其余资本将集中留在资本所有者所在地，并由资本所有者进行支配和运用。

保险公司劳动要素主要是指保险公司从业人员。在保险行业，保险销售人员和业务人员在保险从业人员中占绝大多数，保险从业人员的保源或销售渠道往往具备很强的区域属性。新经济地理学的核心—边缘模型强调，区域间劳动力流动主要是由于工业人口在地区间迁移会带来生活成本效应和价格指数效应，产生集聚租金。但由于保险从业人员在空间上（跨区域）的流动性很低，保险从业人员很难通过大规模跨地区迁移产生生活成本效应和价格指数效应。

因此，保险业的资本要素受资本收益率和本地保险市场需求的影响，能够实现跨区域流动获取资本收益最大化。劳动力要素在空间上（跨区域）的流动性很低，但可以在本地区产业间自由流动。

3.3 我国保险业空间集聚的均衡分析——基于 FC 模型

根据新经济地理学理论可知，经济或产业集聚来自规模报酬递增与成本间的权衡，也是受供给和需求两方面作用的结果，区域资源禀赋在产业集聚过程中具有重要作用。本小节对自由资本模型（FC 模型）加以修改和完善，基于保险市场主体视角构建保险业空间集聚的理论模型（保险业自由资本模型），研究市场供求主体的行为选择，分别讨论在对称和非对称条件下保险业空间集聚的均衡状态和演进机制，为分析我国保险业空间集聚的决定因素、演进机理提供理论基础。

3.3.1 模型假设条件

保险活动离不开保险市场主体，保险市场主体与保险活动的密切关联在很大程度上决定着保险业的空间集聚特征。假定存在一个由两个保险区域组成的保险空间，分别为 A 区域和 B 区域，且在两个保险区域中均存在保险消费者和保险公司两类保险市场主体，保险公司是保险市场产品的供给者。

本书将 FC 模型中存在运输成本的假定条件修改为空间交易成本的假定条件，假设经济系统中存在 N 家保险公司，A、B 两区域中的保险公司数量分别为 n_A 和 n_B，满足 $n_A + n_B = N$，两区域相应的保险资本量为 n_A 和 n_B（保险资本数量可用保险公司数量来表示），A、B 两区域保险资本量占

全部资本的比例为 $s_A = n_A/N$ 和 $s_B = n_B/N$ 。通过前文对我国保险产业特性的分析可知，我国保险市场整体上正处于规模报酬递增阶段，且由寡头垄断市场向垄断竞争市场过渡，这基本符合垄断竞争厂商的重要特征。故采用迪克西特－斯蒂格利茨模型设定形式，将保险公司成本函数设定为 $C(x) = \pi + w_L a_L x$ ，x 为保险公司产品产出量，采用保费收入表示。

消费者的效用函数采用柯氏函数和 CES 函数，保险公司的投入要素涉及多个方面，包括资本、劳动、技术、企业家才能、信息等要素，为简化起见，仅考虑保险公司在提供保险产品和保险服务时所投入的资本要素（K）和劳动要素（L）。π 是保险公司使用资本要素的价格，劳动投入量用 a_1 表示，劳动力报酬为 w_L ，假定经济系统中资本固定，存在 $K_A + K_B = K$ ，则 A、B 两个区域资本投入所占经济系统全部资本比重分别为 $S_k = K_A/K$ 和 $S_k^* = 1 - S_k$ ，A、B 两个区域劳动投入所占经济系统全部劳动比重分别为 $S_L = L_A/L$ 和 $S_L^* = 1 - S_L$ 。E 表示 A、B 两个区域的收入或支出总量，$E = \pi K + w_L L$ ，不考虑收入支出跨期情况，消费者可消费保险产品以及其他产品和服务。

（1）保险消费者市场行为假设

保险消费者购买保险主要目的在于获得风险保障或投资收益，保险需求主体可能是个人也可能是企业，保险需求者可以通过多种形式购买保险产品，再保险可以看作保险资本所有者购买保险产品的特殊情况。为方便分析，本书假定这些保险需求者从事以劳动力为主要投入要素的生产活动，跨区域购买保险产品需要产生空间交易成本。

Arrow（1965）认为作为一种商品，保险属于一种服务性商品，并不具有物质形态。保险产品或保险服务通过提供经济补偿等形式来降低保险消费者的损失和不确定性。与其他普通商品一样，保险消费者在购买保险产品时同样会获得正效用。假定保险消费者的效用函数为柯布－道格拉斯消费函数，故保险消费者的效用函数可表示为 $U = C_1^{\mu}C_c^{1-\mu}, 0 < \mu < 1$，$C_1^{\mu}$ 表示保险产品或服务的消费数量，μ 表示保险产品或服务的购买份额，$C_c^{1-\mu}$ 表示消费者购买其他产品和服务的支出，$1-\mu$ 表示消费者购买其他产品和服务支出所占份额。

我国保险市场中保险公司数量众多，保险产品经营种类较多且存在差别，比如我国寿险公司险种业务主要包括人寿保险、健康保险和意外伤害保险，人寿保险可分为分红寿险、万能保险、投资连结保险、定期寿险、终身寿险、两全寿险、年金保险等。我国财产保险包括财产损失保险、责任保险、信用保险等保险业务。根据保险产品的免赔额度、保险期限以及保险责任等方面的不同，每一类保险业务可细分为多种具体保险产品。本书认为保险需求者的保险消费支出与保险产品多样性存在密切关系，而保险产品多样化程度在很大程度上决定了保险消费者的效用水平，消费者可以根据标的可能面临的不同风险选择不同的细分险种，带给消费者不同的效用。与购买单一险种相比，购买多种细分险种在总体能够增加保险消费者的效用水平。这说明与保险产品消费数量相比，保险产品的消费种类更能提高消费者的效用水平。本书采用常数替代弹性函数（CES 函数）表示效用函数，即：

$$C_M = \left(\int_{i=0}^{n^w} c_i^{1-1/\sigma} di\right)^{1/(1-1/\sigma)}, 0 < \mu < 1 < \sigma \quad (3.1)$$

其中，与新经济地理学中的 FC 模型的含义相同，σ 用来衡量保险产品间的替代弹性。σ 值大小能够反映保险消费者的多样性需求程度，其值越大，说明保险消费者对保险产品多样性需求越小，反之越大。

（2）保险产品空间交易成本假设

根据前文分析，从保险产业内涵来看，保险活动依赖于信息技术手段，保险公司提供的无形产品与服务具有高度信息化特征，保险公司直保、分保、再保以及经纪业务等保险产品的交易活动将会涉及保险信息的数据形成、收集、存储、加工以及传递等方面，城市保险资源的流动性和信号扩散性离不开城市信息传递媒介，保险产品交易的空间成本受信息技术影响，信息技术水平提高能够降低保险活动的空间成本。此外，保险产品跨区域交易成本还与空间距离有关，保险产品实际需求量随着距离增加将会减少，与保险信息腹地距离越远，其空间交易成本也就越高。在 FC 模型中的“冰山”运输成本 τ 形式的基础上，将信息技术水平和距离因素考虑在内，构造保险活动空间成本表达式，设定为公式（3.2）的形式。

$$C(x) = e^{d+\frac{1}{t}} \quad (3.2)$$

其中，$C(x)$ 衡量保险产品的空间交易成本，t 衡量保险区域的信息技术水平，d 衡量区域与保险信息腹地间的距离。

（3）保险要素的空间流动假设

结合我国保险业要素特征，与 FC 模型中生产要素的相关假定类似，本书认为保险业人员仅在区域内流动，不存在跨区域间的流动。而保险资本要素能够在不同区域间进行自由流动，但保险资本收益并不随着流动而在异地消费，其最终要回到资本所有者。区域间保险资本流动主要体现在：保险公司上级机构通过注入资本等方式扩大下级保险机构的经营规模，或者设立分支机构，而资本收益将会由下级机构返回至上级机构。保险资本的流动主要受区域间名义资本收益差异的影响，保险资本由名义资本收益相对较低的区域流向名义资本收益相对较高的区域。资本流动速度与这种差异的大小成正比，保险资本的流动成本忽略不计，则区域间保险资本流动关系可表示为：

$$s_k^{\ *} = (\pi_A - \pi_B)s_k(1 - s_k) \tag{3.3}$$

3.3.2 保险业空间集聚的短期均衡分析

在新经济地理学中，FC 模型假定其他产业规模报酬不变，要素价格和商品价格不存在区域差异，达到瓦尔拉斯一般均衡，其他产业产品跨区域交易不存在交易成本。即 $P_A^c = a_c w_L = P_B^c = a_c w_L^*$，$w_L = w_L^*$。通过柯布－道格拉斯效用函数，A、B 两区域保险消费者对其他产品和服务的需求函数为：$C_A^c = (1-\mu)E_A/P_A^c$，$C_B^c = (1-\mu)E_B/P_B^c$，$1-\mu$ 是消费者用于购买其他产品和服务的支出所占份额，μ 是消费者用于购买保险产品的支出所占份额，用于购买保险产品的支出为 μE。消费者的最优决策是将其收入中的 μ 部分支出在保险产品集合中，将 $1-\mu$ 部分支出在其他产品集合中。

根据第 2 章 2.2.2 的内容，保险产品消费效用函数可表示为：

$$C_{\mathrm{I}} = \left(\int_{i=0}^{n^{\mathrm{w}}} c_i^{1-1/\sigma} di\right)^{1/(1-1/\sigma)}, \sigma > 1 \quad (3.4)$$

其预算约束条件为 $\sum_{i=1}^{N} p_i c_i = \mu E$ ，式中，c_i 是消费者对第 i 种保险产品的消费量，p_i 是第 i 种保险产品的价格，σ 为任何两种保险产品之间的可替代性。为使 C_{I} 效用达到最大化，通过构造拉格朗日方程计算得到（推导过程见附录 A）：

$$c_j = \mu E \frac{p_j^{-\sigma}}{\Delta n^{\mathrm{w}}}, \Delta n^{\mathrm{w}} = \int_{i=0}^{n^{\mathrm{w}}} P_i^{1-\sigma} di \quad (3.5)$$

上式代表了某个区域中消费者对保险产品的需求函数，反映保险产品需求量。p_j 为第 j 种保险产品的价格（费率或平均保费），E 代表总支出。

将上式扩展到所有区域，可以得到公式（3.6）：

$$c_j = \mu E \frac{p_j^{-\sigma}}{\Delta n}, c_j^{\ *} = \mu E^* \frac{(p_j^*)^{-\sigma}}{\Delta n^*},$$

$$c_i = \mu E^* \frac{p_i^{-\sigma}}{\Delta n^*}, c_i^{\ *} = \mu E \frac{(p_i^*)^{-\sigma}}{\Delta n} \quad (3.6)$$

其中，c_j 表示 A 区域保险消费者对第 j 种本地区保险产品的需求量，c_j^* 表示 B 区域保险消费者对 A 区域第 j 种保险产品的需求量，c_i 表示 B 区域保险消费者对第 i 种本区域保险产品的需求量，c_i^* 表示 A 区域保险消费者对 B 区域第 i 种保险产品的需求量。

公式（3.6）的四个式子说明了保险公司在 A、B 两个区域中为了实现利润最大化而进行价格和产量决策的约束条件，考虑保险产品跨区域交易过程中存在保险产品空间交易成本，则保险公司销售量可表示为：$x_j = c_j + e^{\mathrm{d}+\frac{1}{\mathrm{t}}} c_j^*$，

$x_i = c_i + e^{d+\frac{1}{t}} c_i^*$。$x_j$表示A区域保险公司第$j$种保险产品的供给量，$c_j$和$c_j^*$分别表示A、B两个区域对第$j$种保险产品需求量，$x_i$表示B区域保险公司第$i$种保险产品的供给量，$c_i$和$c_i^*$分别表示A、B两个区域对第$i$种保险产品需求量，$e^{d+\frac{1}{t}}$衡量了B区域（A区域）保险需求者购买A区域（B区域）保险产品时所产生的空间交易成本，它与距离d和保险区域的信息技术水平t存在直接关系。

在迪克西特-斯蒂格利茨垄断竞争模型中，由于A、B两个区域间保险产品交易成本的存在，当保险市场实现均衡时，各保险公司实现均衡产量和均衡价格。A区域保险产品在本区域与在B区域出售时价格比为$e^{d+\frac{1}{t}}$，通过推导可以得出第j种保险产品在A、B两区域的价格（推导过程见附录B）：

$$p_j = \frac{w_L a_m}{1 - 1/\sigma}, p_j^* = \frac{e^{d+\frac{1}{t}} w_L a_m}{1 - 1/\sigma} \tag{3.7}$$

保险资本收益均衡的实现条件：

由$px = \pi + w_L a_m x$，$p = \frac{w_L a_m}{1 - 1/\sigma}$，可得出$\pi = px/\sigma$。

由$c = \mu E \frac{p^{-\sigma}}{\Delta n}$，$c^* = \mu E^* \frac{(p^*)^{-\sigma}}{\Delta n^*} = \mu E^* (e^{d+\frac{1}{t}} p)^{-\sigma} (p_M^*)^{-(1-\sigma)}$，分别计算A、B两个区域的保险产品价格指数：

$$P_I^{1-\sigma} = \int_0^N p^{1-\sigma} di = N p^{1-\sigma} [s_k + \varphi(1 - s_k)] \tag{3.8}$$

$$(P_I^*)^{1-\sigma} = \int_0^N p^{1-\sigma} di = N p^{1-\sigma} [\varphi s_k + (1 - s_k)] \tag{3.9}$$

其中，$\varphi = e^{(1-\sigma)(d+\frac{1}{t})}$为保险产品跨区域交易的自由度，

其含义与保险空间成本概念相反。

将 A、B 两区域的保险产品价格指数代入资本收益的表达式为 $\pi = px/\sigma$ ，由此可得：

$$\pi = \frac{\mu E^{w}}{\sigma n^{w}}\left[\frac{s_{E}}{s_{k} + \varphi(1 - s_{k})} + \varphi \frac{1 - s_{E}}{s_{k} + \varphi(1 - s_{k})}\right] \tag{3.10}$$

其中，$s_E = E/E^w$ 表示总支出中 A 区域保险支出所占份额，$1 - s_E = E^*/E^w$ 表示总支出中 B 区域保险支出所占份额。令 $\Delta = p^{1-\sigma}[s_k + \varphi(1 - s_k)]$ ，$\Delta^* = p^{1-\sigma}[\varphi s_k + (1 - s_k)]$ ，并将本地生产销售保险产品价格标准化为 1，则 $\Delta = s_k + \varphi(1 - s_k)$ ，$\Delta^* = \varphi s_k + (1 - s_k)$ ，则可以得出 A、B 两区域保险公司的利润函数分别为：

$$\pi_A = bB\frac{E^w}{K^w}, B = \frac{s_E}{\Delta} + \varphi\frac{1 - s_E}{\Delta^*}, b = \frac{\mu}{\sigma} \tag{3.11}$$

$$\pi_B = bB^*\frac{E^w}{K^w}, B^* = \frac{s_E}{\Delta} + \varphi\frac{1 - s_E}{\Delta^*} \tag{3.12}$$

从公式（3.11）和公式（3.12）可以看出，保险公司的空间分布 s_k 和消费支出（产品需求）的空间分布 s_E（市场份额）共同决定了保险公司的利润水平。A 区域保险支出份额 $s_E = E/E^w = (1-b)s_L + bs_k$ ，$s_L = L/L^w$ ，$s_K = K/K^w$ 。即资本和劳动分布确定了支出的空间分布（市场份额的相对大小），当两个区域为对称区域时，$s_L = s_k = s_E = 1/2$ ，EE 曲线变成了一条垂直于横轴的直线。

此外，区域间资本收益率差异决定了长期资本流动的力量，A、B 两区域间的资本收益率之差可表示为：

$$\pi_A - \pi_B = b\frac{E^w(1 - \varphi)}{K^w\Delta\Delta^*}$$

$$\left[(1+\varphi)\left(s_E-\frac{1}{2}\right)-(1-\varphi)\left(s_k-\frac{1}{2}\right)\right] \quad (3.13)$$

如果A、B区域间保险产品空间交易成本为0（$\varphi=1$），则A、B两区域的资本利润率总是相等的。但一般情况下，$0<\varphi<1$，A、B两区域间存在保险产品空间交易成本，公式括号内第一项$(1+\varphi)\left(s_E-\frac{1}{2}\right)$表示“保险资本聚集力”，存在本地市场放大效应，A区域较大的支出份额（需求份额）将会对保险资本产生更大的吸引力。括号内第二项负值为“保险资本分散力”，当A区域实际使用的保险资本份额超过对称分布时的资本份额时，会产生市场拥挤效应，即保险资本最终流动方向取决于“聚集力”和“分散力”的大小。

3.3.3 保险业空间集聚的长期均衡分析

从保险业空间集聚的短期均衡分析可知，变量s_k和变量s_E共同影响着保险业空间集聚分布，s_k表示保险公司或保险资本的空间分布，反映出保险产品的空间分布状况，衡量了保险市场中保险产品的供给量。保险需求决定保险供给，在均衡条件下s_k代表保险市场中的均衡产量水平。s_E表示保险消费者花费在保险产品上的总支出，即反映消费者对保险产品的需求量。

由于模型中假设劳动要素仅在区域内流动，不存在区域间流动，保险业空间集聚主要来源于资本要素的跨区域流动，而区域间资本收益率差异是资本跨区域流动的根本动力。保险业FC模型的长期均衡条件是两区域保险资本收益率具有相同的均衡状态，即 $\pi_A = \pi_B$ ，通过 A、B 两区域保险公司的利润函数可以得出：

$$s_k = \frac{1}{2} + \frac{1+\varphi}{1-\varphi}\left(s_E - \frac{1}{2}\right) \tag{3.14}$$

公式（3.14）说明了变量 s_k 和变量 s_E 间的关系，揭示了保险市场需求的空间分布机理，即变量 s_E 的分布决定了变量 s_k 的空间分布，当 $s_E = 1/2$ 时，$s_k = 1/2$ ，说明当要素禀赋均匀分布时，要素流动产生对称均衡结果。

本书进一步通过对称禀赋条件下保险业空间分布的剪刀图解来讨论均衡调整过程，如图 3 －9 所示。

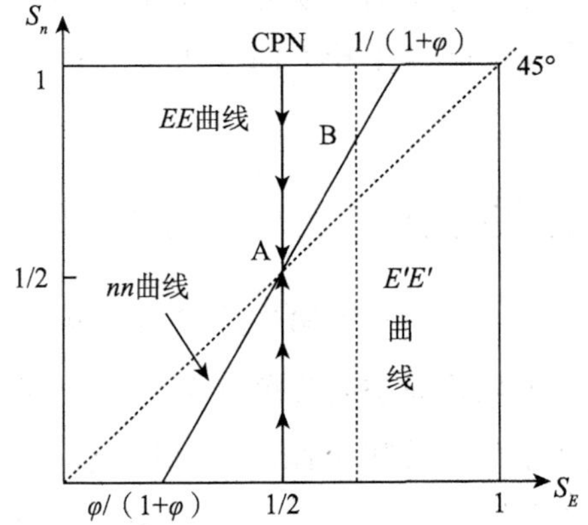

图 3 －9　对称禀赋条件下保险业空间分布的剪刀图解

在图 3 －9 中，保险业 FC 模型中的 EE 曲线由均衡状态点组成，用公式可表示为 $s_E = E/E^w = (1-b)s_L + bs_k$ ，nn 曲线代表保险资本运动的标准，即 $s_k = \frac{1}{2} + \frac{1+\varphi}{1-\varphi}\left(s_E - \frac{1}{2}\right)$ ，对称禀赋条件下稳定的长期均衡由 EE 曲线和 nn 曲线的交点来决定。在对称保险业 FC 模型中，保险要素或保险产品将会由空间不平衡状态调节至平衡状态，进而使得保险市场供需不均衡状态调整到均衡状态。在剪刀图解中，nn 曲线的斜率为 $(1+\varphi)/(1-\varphi)$，斜率将随着保险跨区域交易成本的变化而变化，其交易成本越小，斜率 $(1+\varphi)/(1-\varphi)$ 就越大，说明 *nn* 曲线也就越陡峭。在前文理论分析章节中表明，*nn* 曲线必经过均衡点（1/2，1/2）（长期的稳定均衡点），且斜率 $(1+\varphi)/(1-\varphi)$ 均大于 1，说明本地市场规模的变化将会使得本地保险产业份额产生更大比例的变化——本地市场放大效应。在 *nn* 曲线上，$\pi_A=\pi_B$，区域间保险资本流动缺乏驱动力，例如在 *nn* 曲线右下方，在 s_k 值相同的条件下，$\pi_A>\pi_B$，说明 A 区域存在较大的支出份额（需求份额），驱使着保险资本由 B 区域向 A 区域流动，导致 A 区域保险资本份额上升。

3.3.4　非对称条件下保险业空间分布均衡分析

保险业对称 FC 模型展示了保险活动（资源）集中的聚集力，并得到了保险业分布 s_n 的显性解。上文提到，对称 FC 模型假设保险资本所有者不能跨区域流动，资本返回资本所有者。但现实情况并非如此，如现实经济活动中区域保险市场规模、保险要素禀赋以及保险产品空间交易成本等方面的非对称问题，非对称的 FC 模型显得更有意义，接下来将在对称 FC 模型剪刀图解的 *EE* 曲线和 *nn* 曲线基础上求解一系列的非对称问题。

（1）市场规模非对称条件下保险业空间分布，保险市场规模非对称也可以理解为 A、B 两个区域保险市场需求存在差异，这种差异主要体现在消费者的保险认识、保险产品的购买能力以及区域内保险消费者数量等方面。假定A、B两个区域保险市场规模非对称，且A区域市场规模（保险需求）较大，在图3-10中，$s'_E > 1/2$，由于假定A区域保险需求大于B区域，则A区域保险支出大于B区域保险支出，EE曲线右移至$E'E'$曲线位置。$E'E'$曲线与nn曲线代表了相应的状态，$E'E'$曲线与nn曲线相交于B点，即在市场开放度为φ时，B点代表了保险业空间分布的长期均衡。相应的企业份额表现为$s'_k > s'_E > 1/2$，表现出所谓的"本地市场效应"，在市场规模较大的区域，保险消费支出份额或市场规模的变化将会使得保险企业份额产生更大比例的变化。

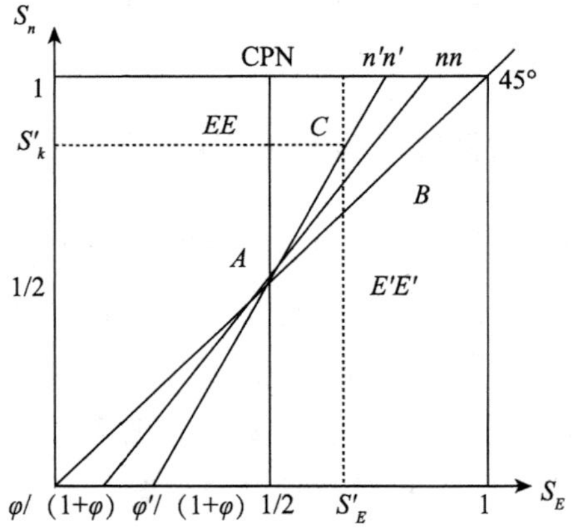

图3-10 非对称禀赋条件下保险业空间分布的剪刀图解

在给定保险支出的情况下，保险空间交易成本的改变将会影响企业分布。随着保险产品空间交易成本降低，区域间市场自由度φ增加，nn曲线的斜率$(1+\varphi)/(1-\varphi)$将会增加，nn曲线将会更陡峭，即逆时针旋转至$n'n'$曲线位置，$n'n'$ 曲线与 EE 曲线相交于 C 点，再次达到均衡状态。此时若空间成本继续降低，则保险市场份额将会增加，进而促使保险资本流入，增加本地保险产品数量和种类，直至使 A 区域成为核心区的结构。当 s'_k 达到最大值 1 时，市场自由度 φ 值达到临界值，所有企业趋向集中于 A 区域。可以看出，区域间市场自由度变大时，市场规模（保险需求）的增加将会使得企业产生更大比例的变化（本地市场放大效应）。

（2）关于保险交易成本非对称条件下保险业空间分布，所谓交易成本不对称是指 A 区域的市场自由度不等于 B 区域的市场自由度（$\varphi_A \neq \varphi_B$），保险空间交易成本与地区信息技术水平和地理距离等因素密切相关，若 A 区域市场自由度小于 B 区域的市场自由度，即 $\varphi_A < \varphi_B$，说明 A 区域保险产品销售到 B 区域的价格比 B 区域保险产品销售到 A 区域的价格要低。

（3）关于保险要素禀赋非对称条件下保险业分布，保险要素禀赋非对称是指 A、B 两个区域内资本禀赋与劳动力禀赋比值不相等，即 $K/L \neq K^*/L^*$ 或 $s_L \neq s_K$，由于模型假定区域间劳动力不流动，保险资本空间分布不均匀表现为人均保险资本或人均保险机构的空间分布不对称。通过前文公式可以求解保险要素初始禀赋与保险产业均衡产品数量间的关系，如公式（3.15）所示。

$$\dot{s}_K - s_K = \frac{1}{2} + \frac{1+\varphi}{1-\varphi}\left(s_E - \frac{1}{2}\right) - s_K =$$

$$\frac{2\varphi}{1-\varphi}\left(s_E - \frac{1}{2}\right) + (s_E - s_K) \tag{3.15}$$

在公式（3.15）中，$\dot{s}_K$ 和 s_K 分别表示 A 区域保险资本的实际数量和初始数量，假如 $\dot{s}_K - s_K > 0$，则说明 A 区域保险资本实际使用数量大于其初始数量，即 A 区域发生保险资本净流入。从非对称禀赋条件下保险业空间分布的剪刀图中可以看出，如果 A 区域市场规模较大，劳动力和资本相对禀赋相同，且等于本地市场规模时，$s_L = s_K = s_E > 1/2$，由于本地市场效应（$\dot{s}_K > s_E$）的作用结果，A 区域成为保险资本输入区。在保险要素禀赋非对称条件下，若使 s_K 变大，即 A 区域保险资本禀赋相对丰富，说明 A 区域市场规模（保险需求）较大且保险资本禀赋丰富，$s_K > s_E > 1/2$，说明 A 区域保险资本相对丰富，会倾向于抵消本地市场效应。上述内容可以得知，如果 A 区域的资本禀赋相对充裕，使得公式（3.15）中第二项 $s_E - s_K < 0$，尽管公式中第一项为正，存在本地市场效应，但 A 区域也有可能发生资本净流出（公式中第二项抵消了第一项），当保险交易成本很低，即公式中第一项足够大时，尽管第二项为负，表明 A 区域的资本禀赋相对丰富，但本地市场效应起到主导作用，A 区域仍然可能成为保险资本输入地。

3.4 我国保险业空间集聚的主要动因分析

3.4.1 规模经济因素

根据前文所述，当保险产品价格达到均衡时，在迪克西特－斯蒂格利茨垄断竞争模型中，保险产品在 A 区域和 B

区域的价格分别为 $p_j = \frac{w_L a_m}{1-1/\sigma}, p_j^* = \frac{e^{d+\frac{1}{t}} w_L a_m}{1-1/\sigma}$，A 区域和 B 区域保险公司的利润函数分别为 $\pi_A = bB\frac{E^w}{K^w}, B = \frac{s_E}{\Delta} + \varphi\frac{1-s_E}{\Delta^*}, b = \frac{\mu}{\sigma}$ 和 $\pi_B = bB^*\frac{E^w}{K^w}, B^* = \frac{s_E}{\Delta} + \varphi\frac{1-s_E}{\Delta^*}$。在保险行业的技术效率 a_I 不变的条件下，模型中保险公司规模报酬由 σ 变量（保险消费者对于不同保险产品的替代弹性）决定，模型中变量 σ 越小，说明不同保险产品的替代弹性越小，保险公司规模经济越显著，保险业集聚现象也就越明显。

金融机构规模经济效应能够提高跨区域间资金支付效率和资源配置效率，金融机构规模经济主要源自自身技术进步、专业分工与协作以及规模成本管理等方面。保险机构追求规模经济是保险业空间集聚的内在基础力量，其主要包括保险机构规模经济和行业规模经济。保险机构规模经济主要来源于公司产品设计、研发以及经营管理模式等方面。一方面，保险公司在核保赔、产品组合设计等环节，不断优化险种业务结构和创新产品技术，实现保险产品在运营、销售等环节产生协同效应，降低保险产品开发和运营成本，产生保险产品规模经济效应。另一方面，保险公司通过收购、兼并以及增资扩股等方式扩大保险资本规模，设立分支机构，特定区域内保险机构数量集中或空间接近将会产生资源共享效应（营销渠道、人力、技术、知识信息以及管理经验），增加专业化分工，降低交易费用，提高保险服务效率和质量，形成品牌效应和专业化优势，获得保险机构规模经济，推动保险业集聚发展。

同样地，保险行业规模经济也是保险机构空间集聚的动因之一，行业规模经济通过作用于保险产业本身来促进保险业集聚形成，保险行业规模经济的形成与地区金融发展水平存在密切联系。地区间金融业发展水平差异将会使金融产业集聚表现出明显的“中心—外围”形式（Pasquale等，2013）[58]。金融机构通过在产品、技术、客户和渠道等方面与保险行业实现资源共享和优势互补，增加地区保险需求，进而推动保险业空间集聚发展。Outreville（1996）、Beck和Webb（2003）以及Li等（2007）等学者的研究结果均表明，金融产业发展水平或银行业发展水平与保险业发展存在显著正相关关系[137]—[139]。城市群具有良好政策环境、先进技术研发、丰富人力资源等条件，其金融产业发展水平较高，保险机构可以通过加强与其他金融机构间的合作，共享辅助性产业，提高要素生产率，产生外部规模经济。如银保合作、证保合作等跨专业业务形式，保险公司可有效利用商业银行和证券公司等金融公司已建立的销售网络提高销售效率，还可以利用其良好的信誉和客户关系扩大客户群。此外，在金融产业发展水平较高的城市中，互联网保险、科技保险等新业态不断涌现，带来行业规模经济效应。

3.4.2 本地市场因素

本地市场因素在保险业集聚发展过程中发挥着重要作用，本地市场需求是指区域内消费者对保险产品的市场需求或能够支付保险产品的数量。在FC模型中，保险业FC

模型的长期均衡条件是两区域保险资本收益率具有相同的均衡状态，公式（3.14）揭示了保险市场需求的空间分布机理，变量 s_E 的分布决定了变量 s_k 的空间分布，即保险需求分布决定了保险公司或保险产品空间分布。当 $s_E = 1/2$ 时，$s_k = 1/2$，说明当要素禀赋均匀分布时，要素流动产生对称均衡结果。而在非对称条件下，若A区域市场规模（保险需求）较大，$s'_E > 1/2$，A区域保险支出就会大于B区域保险支出，EE曲线右移至E′E′曲线位置，表明在市场规模较大的区域，保险消费支出份额或市场规模的变化将会使保险企业份额产生更大比例的变化。

上述结论表明，本地保险市场需求和保险市场发展程度是保险业空间集聚的支撑原因。一方面，本地保险市场需求涉及区域内风险分布、保险意识以及购买能力等方面，不同城市保险消费需求差异更多体现在保险产品差异化上，城市消费者保险购买力和保险意识越强，本地保险市场需求就越高，保险产品差异化程度相对较高，消费者有更多保险产品种类可以选择，相应的保险支出相对较多。所以，消费者收入水平是影响保险需求和保险支出的重要因素（Lewis，1989；Beck和Webb，2003）[140][138]，在其他条件不变的前提下，消费者收入水平越高，其保险消费需求就越高，本地保险市场需求增加会引致更多的保险资本投入，促使相关保险资源向保险需求较高地区或城市聚集，带来相对丰富的保险产品和服务，进而推动保险业集聚发展。另一方面，本地保险市场发展程度也是保险资源空间集聚原因之一。保险市场发展程度影响着保险业资源的空间调整速度，不同地区保险市场发展程度的差异造成地区间保险资本收益率和市场需求不同，促使保险资本在区域之间发生流动，表现为保险资本规模扩张和新保险机构成立，进一步带来从业人员等相关要素的跨区域或跨部门流动。

3.4.3 空间成本（信息）因素

结合前文分析，金融地理学认为“信息腹地”或“信息中心”是金融产业集聚形成的内在动因（Gehrig，1998；Zhao，2003），Porteous（1995）进一步将金融信息划分为标准化信息（编码知识）和非标准化信息（默示知识）。作为保险活动重要组成部分，保险信息的形成、传递等环节在很大程度上决定了保险空间交易成本。保险信息也可以分为保险标准化信息和保险非标准化信息。保险标准化信息主要是指可采用信息手段进行标准化或编码处理的信息，这类保险产品风险识别、管控和频率相对稳定，保险标准化信息在收集、形成、传递和处理等过程中所产生的成本易受信息技术水平影响，保险空间交易成本随着现代信息技术水平提高而降低，且保险交易在保险理赔等环节所产生的成本还与空间距离存在直接关系。而保险非标准化信息是指无法或难以对投保人、受益人以及标的物等方面进行标准化或编码处理的信息，这类保险业务需通过谈判或面对面交流才能完成，其交易成本相对较高。从保险产业内涵来看，保险公司提供的无形产品与服务具有高度信息化特征，保险公司直保、分保、再保以及经纪业务等保险产品的交易大多采用电话、网络等信息技术手段，这一过程会涉及保险信息的数据形成、收集、存储、加工以及传递等方面，而保险信息在不同保险机构、总分机构以及经纪机构间的传递和处理基本上依靠信息传递媒介等手段来完成。可见，信息技术水平在保险产品正常交易过程中起到重要作用，它对于保险信息传递的速度、距离和效率产生直接影响。

保险信息腹地往往处于市场信息和监管信息集聚地，信息源能量级别与政府行政层级密切相关，城市行政层级越高，其行政制度所产生的信息能量就越大。保险资源要素往往“扎堆”于行政层级相对较高城市，这不仅是保险业空间集聚发展的外在表现形式，更是保险业对高层级信息追逐的本能反应和体现。诸多学者从区位选择角度来分析金融中心形成或金融机构选址的决定性因素（Davis，1988[112]；潘英丽，2003[24]）。地理接近、相关行业企业邻近为金融机构间的合作、信息交流、技术创新等方面提供便利条件（Park，1989），金融机构区位选择影响因素与其所在地经营成本、城市基础设施等方面相关。

城市群既是我国经济发展程度最高和金融发展水平最强的地区，也是我国保险业需要重点布局的地区。城市群是在一定区域范围内，以特大城市或都市圈为基本核心单元，由若干经济联系密切、空间距离较近以及功能互补的周边城市集聚形成。城市群依托发达的信息基础设施网络，通过突破行政区划体制束缚，逐步实现基础设施建设和产业发展布局一体化，达到市场同体、信息同享、产业同链和金融同城的目标。例如，长江中游城市群以武汉、长沙、南昌三个省会城市为核心，遵循“核心带动、多极协同、一体发展”原则，全面提升省会中心城市高端服务和辐射引领功能，涵盖以武汉都市圈、长沙都市圈、南昌都市圈为主体的中部经济发展地区。成渝城市群以重庆和成都为核心，构建“一轴两带、双核三区”空间格局。我国城市群已成为高密度人口、经济以及城镇集聚区。城市群空间集聚效应对地区内同行业和跨行业企业的经营策略产生联动影响（赵娜等，2017）[136]。城市群基础设施建设一体化的快速推进为城市专业化金融配套服务的完善和信息知识溢出提供了条件，这为我国城市保险资源集聚开启新的机会窗口。总体来说，保险业集聚路径偏好趋向于信息源和信息腹地，城市保险资源的流动性和信号扩散性离不开城市信息传递媒介，信息传递媒介对于其信息传递的速度、距离和效率产生直接影响，城市群内部信息基础设施的协同联动发展促进了现代信息技术进步，进一步提高了保险资源跨城市的流动性和信号扩散性，实现地区或城市间保险资源的共享和配置，从而推动城市保险业空间集聚发展。

3.4.4 制度因素

政府政策和监管制度对金融集聚发展模式产生重要影响。保险业集聚的形成离不开政府制度支持，政府或监管部门通过承诺、立法以及倾斜性政策等手段形成政策洼地效应，推进保险业资源集聚发展，加快保险业与其他产业的跨界融合。保险产业园、保险创新综合试验区、保险科技园区等区域综合体的形成体现出各级政府区域保险业发展规划和投资取向，政府制度扶持加快了城市保险业集聚的进程。

为推动京津冀保险业协同发展，中国保监会制定《保险公司跨京津冀区域经营备案管理试点办法》和《保险专业代理机构跨京津冀经营备案管理试点办法》，北京市人民政府中国保监会发布《关于加快推动北京保险产业园创新发展的意见》，天津市滨海新区人民政府、天津市金融工作局、中国保监会天津监管局发布《关于推动天津空港经济区保险产业园创新发展的实施意见》，其中明确提出在京津冀金融要素市场一体化趋势下，加强京津冀金融监管协作，深化京津冀保险机构在产品研发、管理信息等领域的合作，鼓励保险公司在河北省设立分支机构或全国性保险专业代理机构。在政策支持下，北京保险产业园成为全国保险改革创新的试验田。天津市凭借空港区位优势，建设空港保险产业园，吸引保险类金融要素资源集聚，实现其与高端装备制造、生物医药与健康等优势产业对接，并积极开展航空运输保险业务、平行进口汽车保险等业务，探索建设自保集聚区。长三角城市群经济联动拓宽了上海保险业发展空间，《上海保险业发展“十三五”规划纲要》指出，构建国际领先、辐射全国和功能齐全的保险市场，努力发展成为国际保险中心。宁波市设立国家保险创新综合试验区，重点发展小额贷款保证保险、公共巨灾保险等创新业务，引进互联网保险、养老保险等新型保险总部机构，打造保险全产业链和集聚地。《重庆市保险业发展“十二五”规划纲要》提出，优化保险市场主体结构，吸引国内外企业来渝设立保险法人机构或分支机构，支持成立专业保险公司以及保险研发中心等后台机构，加快专业代理公司、经纪公司和公估公司的发展。四川省人民政府制定实施《关于加快四川保险业发展的意见》，指出充分发挥以成都为龙头的大城市在保险业发展中的骨干支撑、先导示范和辐射作用，发展成为中西部保险中心。广东省人民政府发布《广东省人民政府办公厅关于促进科技和金融结合的实施意见》，对科技保险（产品创新、专项奖励、保费补贴、试点范围等方面）启动政策支持，确立广州、深圳、东莞、佛山等城市为科技保险试点，制定支持工作方案，推动科技保险产品创新和创新科技保险服务模式，确定科技保险15个基础险种，促进珠三角专利保险开展。政府制度支持力度及其行政级别对城市保险业集聚发展往往起重要作用。

第4章　我国保险业空间差距及集聚演进分析：以九大城市群为例

本章运用空间基尼系数及其分解方法和kernel密度估计方法分析我国九大城市群保险业的空间分布特征。本章安排如下，首先从保险业发展的两个角度——保险密度和保险深度[1]出发，采用Dagum基尼系数及其分解方法分析我国九大城市群保险业发展的总体空间差距、地区内空间差距以及地区间差距，进一步说明我国不同城市群间保险业发展的演变趋势。其次，在此基础上，采用kernel密度估计方法研究九大城市群保险密度、保险深度以及保险业集聚水平的不均衡分布特征。

---

[1] 保险深度代表地区保险业在该地区经济中的重要地位，用保费收入占该地区GDP之比衡量，其值由保险业的发展速度和地区经济发展水平决定。保险密度代表地区保险业务的发展程度，用地区内人均保费收入衡量，反映该地区保险的普及程度以及人们保险意识的强弱。

4.1 我国保险业空间差距测度及其分解

4.1.1 数据来源

由于 Dagum 基尼系数及其分解方法将子样本间差异性考虑在内，故其在一定程度上克服了传统基尼系数和泰尔指数的局限性，本部分采用 Dagum 基尼系数及其分解方法（公式 2.11—2.21）分析我国保险业发展的空间差距。

本章以我国九大城市群（包括 152 个地级市及以上城市）为研究样本，选取研究时间段为 2005—2015 年。具体包括京津冀、辽中南、哈长、长三角、中原、长江中游、珠三角、北部湾和成渝城市群，城市群划分标准来自国家发展改革委和住房城乡建设部的城市群发展规划。京津冀城市群主要包括北京、天津、石家庄等 10 个城市，辽中南城市群包括沈阳、大连等 9 个城市。哈长城市群包括哈尔滨、长春、吉林等 10 个城市。长三角城市群包括上海、南京、合肥、杭州等 26 个城市。中原城市群包括郑州、安阳、开封等 29 个城市。长江中游城市群包括武汉、长沙、南昌等 28 个城市。珠三角城市群主要包括广州、东莞、深圳等 14 个城市。北部湾城市群包括南宁、北海等 10 个城市，成渝城市群包括重庆、成都等 16 个城市。此外，由于受行政区划调整和数据缺失影响，并未将仙桃、潜江、济源、香港、澳门、儋州等城市列入其中。各城市相关数据均来自《中国城市统计年鉴》《中国保险年鉴》、相关省份保险年鉴以及和讯网，此外，各城市 GDP 均以 2005 年为基期进行

GDP平减指数调整。

4.1.2　我国保险密度空间差距测度及其分解

按照Dagum基尼系数及其子群分解方法，分别测度2005—2015年我国九大城市群保险密度的空间差距，测度结果见表4-1。

表4-1　中国九大城市群保险密度的空间差距

年份	总体	京津冀	辽中南	哈长	长三角	中原	长江中游	珠三角	北部湾	成渝
2005	0.419	0.470	0.209	0.329	0.311	0.264	0.255	0.505	0.388	0.286
2006	0.406	0.396	0.175	0.312	0.307	0.244	0.240	0.485	0.383	0.297
2007	0.388	0.381	0.184	0.227	0.288	0.245	0.228	0.481	0.385	0.271
2008	0.346	0.315	0.167	0.247	0.252	0.211	0.228	0.455	0.326	0.246
2009	0.339	0.277	0.163	0.227	0.233	0.208	0.236	0.433	0.327	0.251
2010	0.336	0.312	0.160	0.218	0.237	0.169	0.320	0.422	0.352	0.190
2011	0.313	0.270	0.196	0.216	0.248	0.160	0.218	0.412	0.340	0.220
2012	0.332	0.370	0.193	0.227	0.252	0.205	0.206	0.436	0.333	0.254
2013	0.334	0.356	0.195	0.212	0.260	0.239	0.206	0.421	0.322	0.225
2014	0.327	0.285	0.191	0.258	0.248	0.220	0.211	0.419	0.310	0.215
2015	0.308	0.283	0.170	0.225	0.260	0.203	0.198	0.391	0.318	0.217

（1）我国九大城市群保险密度的总体空间差距及其演变趋势

由表4-1中所示知，在2005—2015年考察期内，我国九大城市群保险密度的总体空间差距整体上呈现出降低趋势。除在个别年份（2012年和2013年）出现小幅波动外，总体空间基尼系数随着时间不断推移，空间差距整体上呈稳定的缩小态势，根据具体数值变化特点可知，九大城市群保险密度的总体差距由2005年的0.419下降至2015年的0.308，总体差距的最大值是2005年的0.419，最小值是2015年的0.308，样本考察期内的均值为0.349。若以2005年为基期，我国九大城市群保险密度的总体空间差距的年均下降幅度达到3.04%，下降趋势较为明显。

（2）我国九大城市群保险密度的群内差距及其演变趋势

在表4-2中，在2005—2015年考察期内，从城市群保险密度的群内差距的演变趋势来看，九大城市群保险密度基尼系数整体上呈现出下降趋势，但不同城市群间演变趋势具有差异性。若以2005年为基期，以2015年为报告期，在此期间京津冀、辽中南、哈长、长三角、中原、长江中游、珠三角、北部湾和成渝城市群空间基尼系数的均值分别为0.338、0.182、0.245、0.263、0.215、0.232、0.442、0.344、0.243，其中，珠三角城市群、北部湾城市群和京津冀城市群分列前三位，而哈长城市群和中原城市群的基尼系数较小，这说明珠三角城市群、京津冀城市群和北部湾城市群内各城市间的保险密度存在较大的差距。相对应的年均下降幅度分别为4.95%、2.03%、3.72%、1.80%、2.61%、2.50%、2.51%、1.97%、2.72%，京津冀城市群的下降幅度最大，哈长城市群和成渝城市群分列二、三位，中原城市群和北部湾城市群的下降幅度相对较小。

具体来看，2005—2015年，京津冀城市群的保险密度基尼系数从2005年的0.470下降至2015年的0.283，此期间最大值为2005年的0.470，最小值为2011年的0.270，其值在样本期间大致呈现出先下降后上升再下降的变化趋势。辽中南城市群的保险密度基尼系数由 2005 年的最大值 0. 209 下降至 2010 年的 0. 160，达到最小值，后上升至 2011 年的 0. 196，最后下降至 2015 年的 0. 170，其变化趋势也呈现出先下降后上升再下降的特征。哈长城市群的保险密度基尼系数由 2005 年的最大值 0. 329 下降至 2013 年的 0. 212，其值在样本期间整体上呈下降趋势，但存在一定波动性。长三角城市群的保险密度基尼系数由 2005 年的最大值 0. 311 下降至 2009 年的 0. 233，后上升至 2015 年的 0. 260，呈现出先下降后上升的变化趋势。中原城市群的保险密度基尼系数由 2005 年的最大值 0. 264 下降至 2011 年的 0. 160，后上升至 2015 年的 0. 203，其值变化趋势与长三角城市群相类似。长江中游的保险密度基尼系数由 2005 年的最大值 0. 255 下降至 2015 年的 0. 198，其值在样本期间呈下降的变化趋势，与之相类似，珠三角城市群和北部湾城市群的保险密度基尼系数均表现出下降态势。成渝城市群保险密度基尼系数最大值为 2006 年的 0. 297，最小值为 2010 年的 0. 190。由此可见，不同城市群保险密度基尼系数的演变趋势存在明显差异性。

（3）我国九大城市群保险密度的群间差距及其演变趋势

上文已分析我国九大城市群保险密度的总体基尼系数和群内基尼系数，本书将利用 Dagum 基尼系数子群分解方法测度我国九大城市群间的保险密度差距及其演变趋势。限于篇幅原因，九大城市群群间差距的测度结果如附录 C 所示。测算结果数据表中共包括 36 对城市群间空间基尼系数，从附录 C 中可以看出，若以 2005 年为基期，以 2015 年为报告期，在36对城市群间的保险密度空间基尼系数中，其值年均增长率均小于零，这说明这36对城市群间的保险密度空间基尼系数整体上呈下降趋势，即各城市群间保险密度的差距随着时间推移正在逐步减小。其中，群间保险密度基尼系数年均降幅最大出现在京津冀—成渝城市群之间，其年均降幅达到5.43%，其值由2005年的最大值0.580下降至2015年的0.332，京津冀—哈长城市群和长三角—成渝城市群的保险密度基尼系数年均降幅分别达到4.78%和4.53%，其值分别由2005年的最大值0.479和0.565下降至2015年的0.293和0.357。而北部湾—成渝城市群间保险密度基尼系数年均降幅最小，其值为1.72%。整体来看，城市群间保险密度空间基尼系数均值大于0.5的有京津冀—北部湾城市群、珠三角—北部湾城市群、珠三角—成渝城市群、珠三角—中原城市群和珠三角—长江中游城市群，这些城市群间保险密度空间基尼系数处于较高水平，即这些城市群间保险密度差距较大。

（4）我国九大城市群保险密度的空间差距来源及贡献率

在表4-2中，在2005—2015年考察期内，整体来看，我国九大城市群保险密度的总体空间差距来源是城市群间差距，超变密度次之，群内差距最小。从变化趋势来看，城市群间差距从2005年的0.260下降至2015年的0.200，最小值为2011年的0.191。群内差距由2005年的0.039下降至2015年的最小值0.031，大致呈下降趋势。超变密度由2005年最大值0.120下降至2015年的0.078，大致呈下降趋势。可以看出，在样本考察期内，三者的变化趋势均呈现出下降特征。从贡献率角度来看，群间差距贡献率由2005年的61.92%上升至2015年的64.85%，除了2014年和2015年外，大部分年份中群间差距贡献率在61%~63%间波动。群内差距贡献率由2005年的9.36%上升2015年的9.94%，呈上升趋势，最大值为2010年的10.21%。群内差距贡献率的变化趋势呈阶段性变化特征，2005—2009年，其值变化波动范围为9.20%~9.34%。2010—2015年，其值变化波动范围为9.65%~10.21%。超变密度贡献率由2005年的28.74%下降至2015年的25.21%，最大值为2008年的29.52%。

表4-2　九大城市群保险密度的空间差距来源及贡献率

年份	超变密度	群间差距	群内差距	超变密度贡献率	群间差距贡献率	群内差距贡献率
2005	0.120	0.260	0.039	28.74%	61.92%	9.34%
2006	0.112	0.256	0.037	27.69%	63.09%	9.22%
2007	0.109	0.243	0.036	28.03%	62.76%	9.21%
2008	0.102	0.211	0.032	29.52%	61.12%	9.36%
2009	0.097	0.212	0.031	28.50%	62.29%	9.20%
2010	0.092	0.209	0.034	27.51%	62.28%	10.21%
2011	0.091	0.191	0.030	29.08%	61.17%	9.76%
2012	0.097	0.203	0.033	29.18%	61.00%	9.83%
2013	0.093	0.208	0.033	27.71%	62.34%	9.94%
2014	0.083	0.212	0.032	25.34%	65.02%	9.65%
2015	0.078	0.200	0.031	25.21%	64.85%	9.94%

4.1.3 我国保险深度空间差距测度及其分解

按照 Dagum 基尼系数及其子群分解方法，分别测度2005—2015年我国九大城市群保险深度的空间差距，测度结果如表4－3所示。

表4－3 我国九大城市群保险深度的空间差距

年份	总体	京津冀	辽中南	哈长	长三角	中原	长江中游	珠三角	北部湾	成渝
2005	0.172	0.203	0.095	0.220	0.097	0.135	0.113	0.272	0.226	0.126
2006	0.164	0.144	0.049	0.201	0.107	0.123	0.114	0.253	0.227	0.131
2007	0.173	0.131	0.042	0.172	0.139	0.129	0.117	0.271	0.258	0.109
2008	0.169	0.134	0.067	0.212	0.117	0.124	0.138	0.210	0.236	0.109
2009	0.177	0.159	0.074	0.227	0.116	0.138	0.152	0.189	0.227	0.097
2010	0.194	0.178	0.065	0.156	0.127	0.134	0.164	0.193	0.297	0.100
2011	0.205	0.150	0.083	0.182	0.141	0.156	0.177	0.185	0.290	0.092
2012	0.190	0.169	0.082	0.204	0.140	0.139	0.157	0.156	0.271	0.127
2013	0.194	0.234	0.074	0.207	0.143	0.131	0.146	0.177	0.262	0.113
2014	0.178	0.162	0.091	0.204	0.136	0.135	0.144	0.186	0.253	0.113
2015	0.167	0.151	0.094	0.145	0.144	0.139	0.147	0.154	0.260	0.101

（1）我国九大城市群保险深度的总体空间差距及其演变趋势

在表4－3中，我国九大城市群保险深度的总体空间基尼系数在样本期2005—2015年内整体具有先上升后下降趋势，其变化趋势可分为两个阶段。2005—2011年，其值由0.172增加至0.205，大致呈现上升趋势。2012—2015年，其值由0.194下降至0.167，呈现出下降趋势。说明随着时间不断推移，保险深度的总体空间差距呈现出先上升后下降的态势。由具体数值可知，保险深度的总体空间基尼系数均值为 0.180，其最大值为 2011 年的 0.205，最小值为 2006 年的 0.164。若以 2005 年为基期，以 2015 年为报告期，九大城市群保险深度的总体空间差距的年均下降幅度达到 0.28%。相比较而言，整体来看，九大城市群保险深度的总体空间基尼系数数值及其年均下降幅度均要低于保险密度相对应数值，即九大城市群保险深度的总体空间差距要明显小于保险密度的总体空间差距。

（2）我国九大城市群保险深度的群内差距及其演变趋势

从表 4 - 3 中可以看出，2005—2015 年，总体上，各城市群保险深度的群内差距存在明显不同的演变趋势。从具体数值来看，若以 2005 年为基期，以 2015 年为报告期，京津冀、辽中南、哈长、长三角、中原、长江中游、珠三角、北部湾和成渝城市群保险深度空间基尼系数的均值分别为 0.165、0.074、0.194、0.128、0.135、0.143、0.204、0.255 和 0.111，相对应的年均下降幅度分别为 2.91%、0.07%、4.09%、-4.03%、-0.36%、-2.67%、5.56%、-1.42% 和 2.14%，北部湾城市群、珠三角城市群和长三角城市群的均值较大，而辽中南城市群和成渝城市群的均值较小。说明北部湾、珠三角和长三角城市群内部各城市间保险深度存在的差距较大，辽中南长城市群和成渝城市群内部各城市间保险深度的差距较小。从年均下降幅度数据来看，总体上，京津冀、辽中南、哈长、珠三角和成渝城市群保险深度的群内差距呈下降趋势，而长三角、中原、长江中游以及北部湾城市群保险深度的群内差距呈上升趋势。

具体来看，2005—2015 年，京津冀城市群的保险深度基尼系数从 2005 年的 0.203 下降至 2015 年的 0.151，最大值为 2013 年的 0.234，最小值为 2007 年的 0.131，除个别年份外，其值大致呈现出下降的变化趋势。辽中南城市群的保险深度基尼系数由 2005 年的最大值 0.095 下降至 2015 年的 0.094，最小值为 2007 年的 0.042，除 2006 年、2007 年外，其值均在 0.065 ~ 0.095 间变化，整体来看，辽中南城市群内各城市间保险深度差距并未随着时间推移发生显著变化。哈长城市群的保险深度基尼系数由 2005 年的最大值 0.220 下降至 2015 年的 0.145，其值在样本期间呈下降趋势。长三角城市群的保险深度基尼系数由 2005 年的 0.097 上升至 2015 年的 0.144，整体来看，其值在样本考察期内呈上升趋势，说明长三角城市群内城市间保险深度差距随着时间推移呈扩大态势。中原城市群的保险深度基尼系数由 2005 年的 0.135 上升至 2015 年的 0.139，最大值为 2011 年的 0.156，最小值为 2006 年的 0.123，其值在样本期内变化相对稳定，呈略微上升趋势，这与长三角城市群变化趋势相类似。长江中游城市群的保险深度基尼系数由 2005 年的 0.113 上升至 2015 年的 0.147，最大值为 2011 年的 0.177，最小值为 2005 年的 0.113，其值在样本期内呈先上升后下降趋势，2005—2015 年，其值由 0.113 上升至 0.177，后回落至 0.147，整体呈上升趋势，说明长江中游城市群内保险深度差距随着时间推移呈扩大态势。北部湾城市群也表现出相类似的变化趋势，其值在样本期内具有先上升后下降的阶段性特征，整体呈上升趋势。珠三角城市群的保险深度基尼系数由 2005 年的 0.272 下降至 2015 年的 0.154，除个别年份外，其值在样本期内呈明显的下降趋势，即其内部城市间保险深度的差距随着时间推移呈显著缩小趋势。成渝城市群保险深度基尼系数由 2005 年的 0.126 下降至 2015 年的 0.101，最大值为 2006 年的 0.131，最小值为 2011 年的 0.092，整体上呈现出下降趋势。

（3）我国九大城市群保险深度的群间差距及其演变趋势

本书接着将利用 Dagum 基尼系数子群分解方法测度我国九大城市群间的保险深度差距及其演变趋势。限于篇幅原因，测度结果如附录 D 所示。从附录 D 中可以看出，若以 2005 年为基期，以 2015 年为报告期，在 36 对城市群间的保险深度空间基尼系数中，年均增长率大于零的包括京津冀—长三角城市群、京津冀—长江中游城市群、辽中南—长三角城市群、长三角—中原城市群、长三角—成渝城市群、中原—长江中游城市群、中原—北部湾城市群、长江中游—北部湾城市群、长江中游—成渝城市群和北部湾—成渝城市群，这些城市群间保险深度差距随着时间推移而呈现出扩大趋势，其余 26 对城市群年均增长率小于零，即这些城市群间保险深度的空间差距随着时间推移正在逐步减小。在样本期内，京津冀—珠三角城市群的年均降幅最大，其值由 2005 年的 0.291 下降至 2015 年的 0.174，降幅达到 5.01%，哈长—珠三角城市群和辽中南—哈长城市群的年均降幅分别为 4.87% 和 4.1%，分列二、三位。中原—长江中游城市群空间基尼系数由 2005 年的 0.128 上升至 2015 年的 0.182，年均增长幅度为 3.59%。

（4）我国九大城市群保险深度的空间差距来源及贡献率

在表4-4中，2005—2015年，我国九大城市群保险深度的总体空间差距主要来源于城市群间差距，超变密度次之，群内差距最小。从分解数值的变化趋势看，群间差距从2005年的0.117上升至2015年的0.121，最大值为2011年的0.142，最小值为2005年的0.117，整体上呈现出先上升后下降的趋势。群内差距由2005年的0.018上升至2015年的0.019，最大值为2011年的0.022，最小值为2006年的0.017，变动范围为0.017~0.022，变动趋势相对稳定。超变密度由2005年的0.037下降至2015年的0.028，最大值为2013年的0.046，最小值为2008年的0.025。在样本考察期内，三者的变化趋势存在一定差异。从贡献率角度来看，群间差距贡献率由2005年的68.15%上升至2015年的72.12%，最大值为2008年的74.58%，最小值为2013年的65.81%，在样本考察期内，其值波动范围为65.81%~74.58%，大致呈现出先下降后上升趋势。群内差距贡献率由2005年的10.34%上升至2015年的11.26%，最大值为2015年的11.26%，最小值为2005年的10.34%，其值在样本考察期内呈现出相对稳定的变化趋势，变动趋势不明显。超变密度贡献率由2005年的21.51%下降至2015年的16.61%，最大值为2013年的23.81%，最小值为2008年的14.58%，呈先下降后上升再下降的趋势，整体上其下降趋势明显。

表 4－4　九大城市群保险深度的空间差距来源及贡献率

年份	超变密度	群间差距	群内差距	超变密度贡献率	群间差距贡献率	群内差距贡献率
2005	0.037	0.117	0.018	21.51%	68.15%	10.34%
2006	0.028	0.118	0.017	17.28%	72.06%	10.65%
2007	0.031	0.124	0.019	17.67%	71.57%	10.76%
2008	0.025	0.126	0.018	14.58%	74.58%	10.85%
2009	0.030	0.128	0.019	16.93%	72.32%	10.74%
2010	0.038	0.136	0.020	19.70%	69.87%	10.43%
2011	0.041	0.142	0.022	19.93%	69.32%	10.75%
2012	0.039	0.131	0.021	20.39%	68.65%	10.96%
2013	0.046	0.128	0.020	23.81%	65.81%	10.38%
2014	0.031	0.128	0.019	17.64%	71.56%	10.81%
2015	0.028	0.121	0.019	16.61%	72.12%	11.26%

4.2　我国保险业集聚演进分析

4.2.1　数据来源

由于核密度估计方法从数据样本本身出发研究其分布情况，能够较好地描述研究对象的不均衡分布特征。运用核密度估计方法从核密度曲线的形态、波峰数量、分布位置等方面描述和反映九大城市群保险业发展的分布特征。分布位置反映所研究对象的水平高低，波峰数量反映所研究对象的极化现象，曲线形态反映所研究对象的集中程度和空间差异。

本书以中国 345 个地级市及以上地区（不包含香港、澳门和台湾地区）为研究样本，样本时间跨度为 2005—2015 年。保险业数据涉及保费收入、保险深度和保险密度，来自 2006—2015 年《中国保险年鉴》，需要说明的是，由于安徽省在 2011 年撤销地级市巢湖市，故采用插值法弥补巢湖市在 2012 年、2013 年和 2014 年的缺失数据。湖北省直地区数据是潜江、仙桃和天门三个地区数据的合并，新疆省直地区数据是石河子和奎屯两地区数据的合并。此外，本书还以中国九大城市群（包括 152 个地级市及以上城市）为研究样本，选取的研究时间段为 2005—2015 年。

4.2.2 全国保险业发展的分布动态演进分析

为全面衡量 2005—2015 年我国保险业发展情况，本书运用 kernel 密度估计方法分别从保险深度和保险密度角度考察保险业发展的分布动态演进规律。估计结果如图 4－1 和图 4－2 所示。

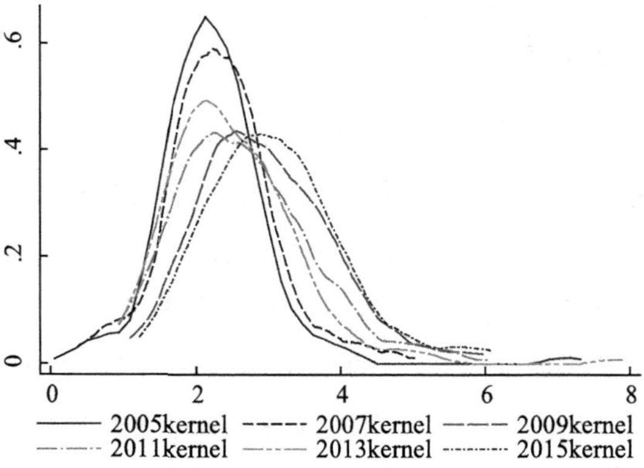

图 4－1　保险深度的核密度估计

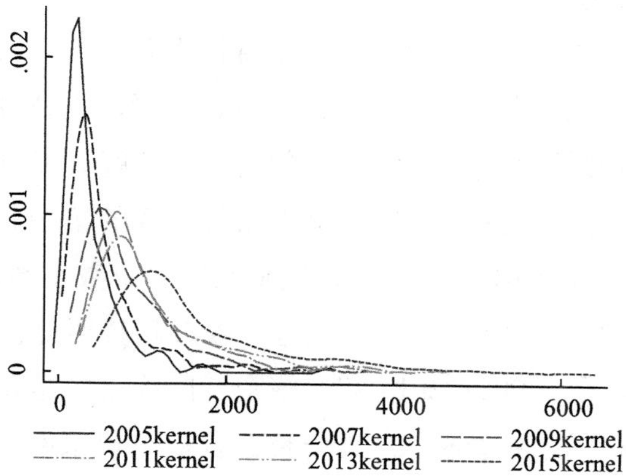

图 4－2　保险密度的核密度估计

在图 4－1 中，保险深度的分布特征主要包括：(1) 从分布位置看，在样本期 2005—2009 年内，波峰高度逐渐降低，曲线中心向右移动，外扩趋势明显，表明在此阶段保险深度的集中趋势降低。2009—2013 年，波峰高度逐渐升高，曲线中心左移，保险深度集中趋势增强；2013—2015 年，波峰高度降低，曲线中心右移趋势显著，集中趋势降低，说明保险深度集中趋势呈现先降低后升高再降低特征。整体来看，保险深度的核密度曲线中心先右移后左移再右移，总体上呈现向右发生偏移特征，说明保险深度由低向高不断提升，落后城市保险深度的增长速度较快，缩小了城市间保险深度的差距；(2) 从分布形态看，2005—2015 年，波峰呈现出明显“陡峭—扁平”趋势，宽度逐渐变大，单峰分布特征显著，波长先变短后变长再变短，变化区间呈缩小趋势，说明随着时间推移，保险深度较高的城市数量不断增加，保险深度较低的城市数量逐渐减少，并未出现明显极化现象。

图4－2中，保险密度的分布特征主要包括：（1）从分布位置看，2005—2015年，曲线中心不断向右移动，说明保险密度整体水平由低向高不断提高，波峰右侧外扩趋势明显，波峰高度逐年降低，说明保险密度的集中趋势逐年降低，随着时间推移，保险密度较高的城市数量逐渐增加，城市群保险密度差距呈缩小态势，收敛趋势明显；（2）从分布形态看，2005—2015年，核密度曲线波峰呈现出“陡峭—扁平”发展趋势，波长变长，右拖尾现象明显，宽度逐渐变大，变化区间增加，单峰分布特征显著，整体上保险密度并不存在极化现象。

4.2.3 九大城市群保险业发展的分布动态演进分析

进一步采用非参数核密度估计方法分析各城市群2005—2015年的保险深度和保险密度的分布状况。将观察年份的时间跨度设置为2年，记录所研究对象核密度图形的波峰形态、分布位置以及波长长度等特征，记录结果如表4－5和表4－6所示。

表4－5 各城市群保险深度的核密度估计结果

城市群	波峰形态	波峰数量	曲线中心	分布形态
总体	先下降后上升再下降、宽度逐渐变大	单峰	先右移后左移再右移	波长先变短后变长再变短
京津冀	先上升后下降、宽度逐渐变大	单峰	先右移后左移再右移	波长变短、右拖尾现象

续表

城市群	波峰形态	波峰数量	曲线中心	分布形态
辽中南	先上升后下降、宽度先变小后变大	单峰—双峰—单峰	向左移后右移	波长先变短后变长、右拖尾现象
哈长	先上升后下降、宽度先变小后变大	双峰——单峰	向左移后右移	波长先变短后变长、右拖尾现象
长三角	逐渐降低、宽度先变大后变小	单峰	先右移后左移再右移	波长先变长后变短、右拖尾现象
中原	先下降后上升再下降、宽度变大	单峰	依次右移	波长变长、右拖尾现象
长江中游	先下降后上升再下降、宽度变大	单峰	先右移后左移再右移	波长先变长后变短、右拖尾现象
珠三角	先下降后上升再下降、宽度变大	单峰—双峰—单峰	先右移后左移再右移	波长先变短后变长
北部湾	先下降后上升再下降、宽度先变大后变小再变大	双峰—单峰	先右移后左移再右移	波长变长、右拖尾现象
成渝	先下降后上升再下降、宽度先变小后变大	单峰	先右移后左移再右移	波长变长

表4-6　各城市群保险密度的核密度估计结果

城市群	波峰形态	波峰数量	曲线中心	分布形态
总体	逐渐下降、宽度逐渐变大	单峰	依次右移	波长变长、右拖尾现象

续表

城市群	波峰形态	波峰数量	曲线中心	分布形态
京津冀	逐渐下降、宽度逐渐变大	双峰—单峰	依次右移	波长变长、右拖尾现象
辽中南	逐渐下降、宽度逐渐变大	单峰	依次右移	波长变长、右拖尾现象
哈长	逐渐下降、宽度逐渐变大	双峰—单峰	依次右移	波长变长、右拖尾现象
长三角	逐渐下降、宽度逐渐变大	双峰—单峰	依次右移	波长变长、右拖尾现象
中原	逐渐下降、宽度逐渐变大	单峰	依次右移	波长变长、右拖尾现象
长江中游	逐渐下降、宽度逐渐变大	双峰—单峰	依次右移	波长变长、右拖尾现象
珠三角	逐渐下降、宽度逐渐变大	单峰	依次右移	波长变长、右拖尾现象
北部湾	逐渐下降、宽度逐渐变大	单峰	依次右移	波长变长、右拖尾现象
成渝	逐渐下降、宽度逐渐变大	单峰	依次右移	波长变长、右拖尾现象

在表4-5中，九大城市群保险深度核密度曲线分布特征包括：在波峰形态方面，京津冀、辽中南和哈长城市群的核密度曲线呈先上升后下降，波峰宽度总体上呈逐渐变大趋势，说明京津冀、辽中南和哈长城市群保险深度的集中趋势先增强后降低，长三角城市群核密度曲线逐渐降低，波峰宽度先变大后变小，其余五个城市群波峰呈先下降后上升再下降趋势，说明这五个城市群保险深度集中趋势呈

先降低后上升再降低的特征。在波峰数量方面，辽中南和珠三角城市群呈现出“单峰—双峰—单峰”的演变态势，哈长和北部湾城市群均出现“双峰—单峰”演变态势，其余城市群均为单峰分布，说明辽中南、珠三角、哈长和北部湾城市群保险深度在其样本考察期内存在两极化现象，而其余城市群并未出现极化现象。在曲线中心方面，京津冀、长三角、长江中游、珠三角、北部湾以及成渝城市群曲线中心在样本考察期间呈现出先右移后左移再右移的变化趋势，辽中南和哈长城市群曲线呈先左移后右移的变化趋势，中原城市群依次向右移动，尽管各城市群核密度曲线分布位置在不同年份表现出不同特征，但总体上右移趋势明显，这意味着各城市群保险深度总体上具有由低向高不断提升的演变态势。在分布形态方面，除珠三角和成渝城市群外，其余城市群核密度曲线存在右拖尾现象，说明这些城市群内部差距明显，存在保险深度相对较高的城市，如京津冀城市群中的北京和保定等，辽中南城市群中的沈阳和丹东等，哈长城市群中的哈尔滨和齐齐哈尔等，长三角城市群中的上海、南京和杭州等，中原城市群中的郑州和阜阳等城市。京津冀、长三角和长江中游城市群核密度曲线的波长大致呈变短趋势，且其波峰呈降低态势，这意味着随着时间推移，落后城市保险深度的增长速度发展较快，保险深度较高的城市数量不断增加，差距进一步缩小，呈现出收敛特征。

在表4-6中，九大城市群保险密度核密度曲线分布特征主要包括：在波峰形态方面，九大城市群的核密度曲线波峰均呈现出逐渐下降趋势，且宽度逐渐变大，这说明九大城市群保险密度集中趋势不断降低。在波峰数量方面，京津冀、哈长、长三角和长江中游城市群核密度曲线呈现出“双峰—单峰”的演变态势，说明在样本期内，这些城市群保险密度分布呈现出由双峰到单峰的演变态势，存在极化现象，而其余城市群为单峰分布，并未出现极化现象。在分布位置和特征方面，九大城市群保险密度的核密度曲线中心在样本考察期间均依次右移，波长变长，存在明显右拖尾现象。

通过以上分析可以看出，保险深度和保险密度的核密度估计结果具有一定差异，保险深度在波峰形态、分布位置以及分布特征等方面存在明显不同的演进态势，各城市群保险深度的不均衡分布特征显著。而保险密度在波峰形态、分布位置以及分布特征等方面表现出相似的演进态势。从指标定义上来看，保险密度衡量了各城市保险业的绝对发展趋势，保险深度将各城市或区域的经济发展水平考虑在内，与保险密度相比，保险深度的分布动态演进特征更易受城市或区域经济发展水平的影响。尽管如此，保险深度和保险密度的分布动态趋势均表明，随着时间推移，我国九大城市群保险业发展集中趋势大致呈降低态势，各城市群保险业发展水平由低向高不断提升，城市间保险业发展差距缩小，收敛特征明显。

4.2.4 九大城市群保险业集聚的分布动态演进分析

接下来继续运用 kernel 密度估计方法分析九大城市群保险业集聚指数的分布动态演进规律。估计结果如图 4 – 3 所示。

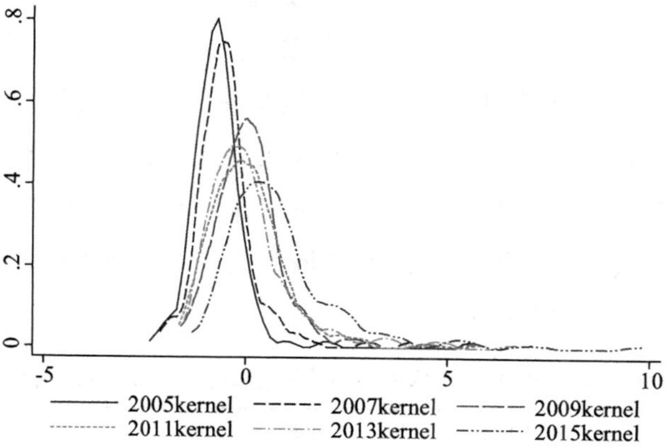

图 4－3　九大城市群保险业空间集聚的核密度估计

在图 4－3 中，分布特征主要包括：（1）从分布位置看，在样本期内，波峰高度逐渐降低，曲线中心向右移动，外扩趋势明显。2011—2013 年，波峰高度逐渐升高，曲线中心左移，2013—2015 年，波峰高度降低，曲线中心右移趋势显著。整体来看，保险业集聚的核密度曲线中心先右移后左移再右移，总体上呈向右偏移特征，说明保险资源集中趋势呈先降低后增强再降低特征，且保险资源集聚水平由低向高不断提升，落后城市保险业集聚速度相对较快；（2）从分布形态看，波峰在 2005—2015 年呈现出明显“陡峭—扁平”趋势，宽度逐渐变大，单峰分布显著，右拖尾现象明显，变化区间增加，说明随着时间推移，保险业集聚水平较高的城市数量不断增加，并未出现明显极化现象。

进一步采用核密度估计方法分析各城市群 2005—2015 年保险业集聚指数的分布状况。将观察年份的时间跨度设置为 2 年，记录所研究对象核密度图形的波峰形态、分布位置以及波长长度等特征，记录结果如表4-7所示。

表4-7中，在波峰形态方面，京津冀、长江中游、北部湾和成渝城市群的核密度曲线均呈下降后上升再下降，宽度逐渐变大，说明这些城市群保险资源的集中趋势呈现先降低后升高再降低的特征。长三角和珠三角城市群的核密度曲线均逐渐降低，说明其城市群内部城市间保险资源集聚水平的差距不断缩小。

表4-7　九大城市群保险业集聚指数的核密度估计结果

城市群	波峰形态	波峰数量	曲线中心	分布形态
总体	先下降后上升再下降、宽度逐渐变大	单峰	先右移后左移再右移	波长变长、右拖尾现象
京津冀	先下降后上升再下降、宽度逐渐变大	单峰	依次右移	波长变长、右拖尾现象
辽中南	先上升后下降、宽度先变小后变大	单峰	先右移后左移再右移	波长先变短后变长、右拖尾现象
哈长	先上升后下降、宽度先变小后变大	单峰	依次右移	波长先变短后变长、右拖尾现象
长三角	逐渐降低、宽度逐渐变大	单峰—双峰—单峰	依次右移	波长变长、右拖尾现象
中原	先上升后下降再上升、宽度变大	单峰	依次右移	波长变长、右拖尾现象
长江中游	先下降后上升再下降、宽度变大	单峰	先右移后左移再右移	波长变长、右拖尾现象

续表

城市群	波峰形态	波峰数量	曲线中心	分布形态
珠三角	逐渐降低、宽度变大	单峰	依次右移	波长变长、右拖尾现象
北部湾	先下降后上升再下降、宽度变大	双峰—单峰	先右移后左移再右移	波长变长、右拖尾现象
成渝	先下降后上升再下降、宽度变大	双峰—单峰	先右移后左移再右移	波长变长、右拖尾现象

在波峰数量方面，长三角城市群呈“单峰—双峰—单峰”演变态势，北部湾和成渝城市群均呈“双峰—单峰”演变态势，而其余城市群均为单峰分布，说明长三角、北部湾和成渝城市群保险业集聚在其样本考察期内存在两极化现象，但随着时间推移，这种极化现象逐渐消失。在曲线中心方面，京津冀、哈长、长三角、中原、珠三角城市群曲线中心在样本考察期间依次向右移动，而辽中南、长江中游、北部湾和成渝城市群曲线中心呈现先右移后左移再右移特征，各城市群核密度曲线分布位置总体上右移趋势明显，这意味各城市群保险业集聚水平具有由低向高不断提升的演变态势。在分布形态方面，除辽中南和哈长城市群外，其余城市群核密度曲线波长逐渐变长，所有城市群核密度曲线存在右拖尾现象，说明各城市群内部存在保险业集聚水平相对较高的城市。如京津冀城市群中的北京和天津、哈长城市群中的哈尔滨和长春、长三角城市群中的上海和南京、珠三角城市群中的深圳和广州、成渝城市群中的成都和重庆等。通过以上分析可以看出，九大城市

群核密度曲线在波峰形态、分布形态以及分布特征等方面具有明显差异，各城市群保险业集聚的不均衡分布特征显著。

第5章　我国保险业空间集聚及空间收敛性分析：以九大城市群为例

我国各城市群保险业发展进程差异显著，各城市群保险业空间集聚趋势如何？城市群保险业发展的空间相关性对其收敛模式有何影响？深入研究上述问题对于揭示城市群保险业发展的分布演进规律，以及促进区域金融协同发展具有重要意义。基于此，首先，本章引用 ESDA 方法、LISA 马尔可夫链方法和空间马尔可夫链探究我国保险业空间集聚模式演化及其空间转移路径。其次，以九大城市群 152 个地级市及以上地区为研究对象，在 σ 收敛检验基础上，将空间效应分别纳入绝对 β 收敛和条件 β 收敛，分析九大城市群保险密度和保险深度的收敛机制。

5.1　我国保险业空间相关性分析

本书采用探索性空间数据分析方法（ESDA 方法）进行我国保险业空间相关性分析。

5.1.1 我国保险业发展的空间关联性分析

（1）全局空间自相关

本书采用各研究变量（保费收入、保险密度和保险深度）的 Moran's I 指数以衡量我国保险业发展的全局空间自相关性。在对各个变量进行全局空间自相关分析之前，首先采用单样本 K－S 非参数检验方法，检验保费收入、保险密度和保险深度是否符合空间自相关检验的数据要求，检验结果显示各变量的双侧渐进显著性 P 值均小于 0.05，即各个变量检验结果均符合全局空间自相关分析的前提。根据 Moran's I 指数公式（2.23）计算我国 2005—2015 年 345 个地级市以上地区保险业发展的全局 Moran's I 指数值及其统计量 Z 值，计算结果如表 5－1 所示。由表 5－1 可知，保费收入的全局 Moran's I 值介于 0.186 与 0.245 之间，保险密度的全局 Moran's I 值介于 0.147～0.294 之间，保险深度的全局 Moran's I 值介于 0.208 与 0.345 之间，且其标准化统计量 Z 值对应的 P 值均小于 0.05，即各变量的 Moran's I 值均通过 5% 的显著性水平检验。这表明我国 345 个地级市以上地区的保险业发展并非处于完全随机状态，而是在其空间分布上存在显著正向空间相关性，这进一步表明我国区域保险业发展在地理空间上具有集聚现象。2005—2015 年，上述三个变量的 Moran's I 值大致呈现出先上升后下降再趋于稳定的特征，其波动幅度不大，说明在样本期内我国保险业在其发展过程中具有显著正向全局空间相关分布特征。

表 5-1　全局空间 Moran's I 指数值

年份	保费收入		保险密度		保险深度	
	Moran's I	统计量 Z 值	Moran's I	统计量 Z 值	Moran's I	统计量 Z 值
2005	0.2323	8.1391	0.1708	5.6396	0.3163	9.8215
2006	0.2114	5.9694	0.1578	5.5223	0.3031	8.3607
2007	0.2181	6.6168	0.1627	5.5200	0.3266	9.6912
2008	0.2124	6.8133	0.1500	4.6193	0.3275	8.9783
2009	0.2162	6.8683	0.1562	5.3389	0.3448	9.8778
2010	0.2431	9.1791	0.2937	7.9946	0.3180	11.0275
2011	0.2371	7.8431	0.1467	6.4483	0.3030	9.3547
2012	0.1858	6.8370	0.1596	4.9847	0.2276	6.6618
2013	0.2445	8.6503	0.1703	5.5513	0.2083	6.1935
2014	0.2285	6.3397	0.1606	6.2167	0.2597	7.6337
2015	0.2338	7.620	0.1593	5.636	0.2425	7.606

（2）局部空间自相关

全局空间自相关检验仅从整体上衡量我国保险业发展的空间关联程度，为进一步挖掘其局部空间变化特征，采用局部空间自相关检验方法研究区域保险业发展的空间集聚性和空间依赖性，并探索保险业区域空间发展模式。本书采用 Moran 散点图对保险业发展的空间特征进行可视化分析。

图 5-1 为 2007 年和 2014 年 345 个地级市以上地区保费收入的 Moran 散点图。Moran 散点图描述了区域单元与其邻域单元间的局部空间相关模式。在图 5-1 中，2014 年有 61 个城市处于 Moran 散点图的第一象限，说明这些城市保险业发展处于"高—高"空间集聚模式，即这些地区的保

费收入与其周围城市的保费收入平均值相差不大。有 83 个城市位于第二象限，处于“低—高”空间集聚模式，说明这些城市保费收入比其邻域城市保费收入平均值低，有 154 个城市位于第三象限，处于“低—低”空间集聚模式，即这些城市保费收入与其邻域城市保费收入平均值都相对较低，差距较小。有 47 个城市位于第四象限，处于“高—低”空间集聚模式，即这些城市保费收入要明显高于其邻域城市保费收入平均值。在 2007 年，Moran's I 指数值为 0.2181，在 2007 年的 Moran 散点图中，有 45 个城市位于第一象限，77 个城市位于第二象限，189 个城市位于第三象限，34 个城市位于第四象限。相比于 2007 年，2014 年的空间集聚模式发生显著变化的区域主要有黑龙江南部地区、吉林和辽宁北部地区、陕西和山西中部地区、江西南部地区、广东和福建的沿海地区以及新疆北部地区等。2007—2014 年，处于“高—高”空间集聚模式的城市数量增加了 16 个，处于“低—高”空间集聚模式的城市数量增加 6 个，处于“低—低”空间集聚模式的城市数量减少 35 个，处于“高—低”空间集聚模式的城市数量增加 13 个。在此期间，处于“高—高”“低—高”“高—低”空间集聚模式的城市数量均有所增加，处于“高—高”空间集聚模式的城市数量增加最多，说明随着时间推移，我国各地区保费收入的集聚模式呈现出以向“高—高”空间集聚模式演化为主的趋势。整体来看，尽管处于“低—低”空间集聚模式城市数量所占比例有所降低，但其所占比重一直最大，说明我国大部分城市的保险业发展水平较低，区域间差距明显。

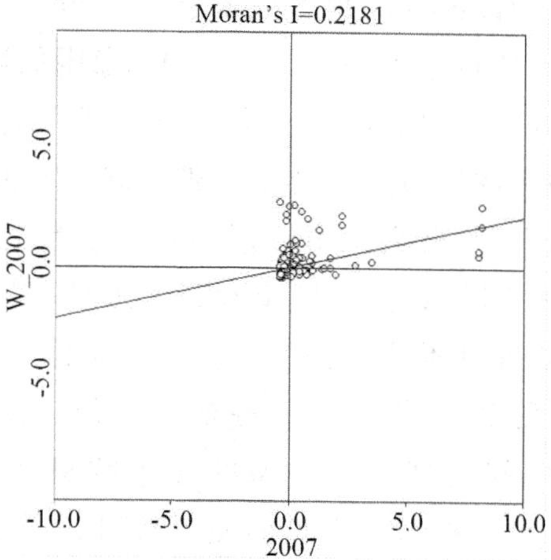

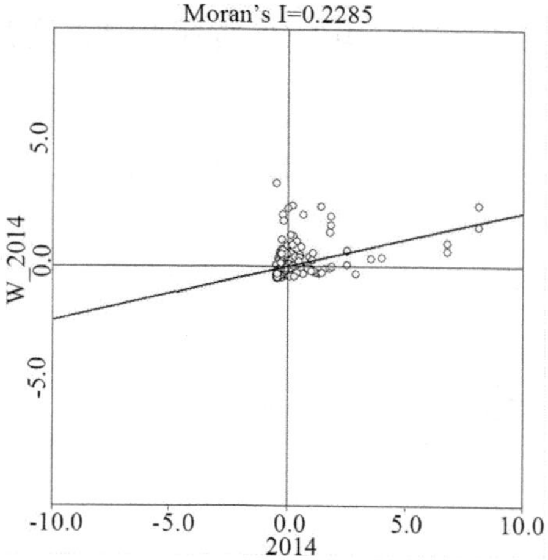

图 5－1　保费收入的 Moran 散点图

（由上至下依次为 2007 年、2014 年）

图 5－2 为 2007 年和 2014 年 345 个地级市以上地区保险深度的 Moran 散点图。2007 年、2014 年保险深度的 Moran's I 指数值分别为 0. 1627、0. 1606，2007 年位于第

一、二、三和四象限的地区数量分别为96、85、103和61，而2014年位于第一、二、三和四象限的城市数量分别为108、80、97以及60。处于"高—高"空间集聚模式类型的城市数目增加，处于"低—高"空间集聚模式和"低—低"空间集聚模式的城市数目减少，处于"高—低"空间集聚模式城市数目基本持平，与保费收入的空间集聚演化模式相类似，保险深度呈现出向"高—高"集聚模式演化的特征。另外，保险深度为"高—高"空间集聚模式类型的城市数目达到108个，远大于保费收入相对应类型的城市数目，说明尽管近几年我国各区域保险业发展不均衡现象明显，但各城市保险业发展速度较快，区域间保险深度普遍增加，空间溢出效应显著。

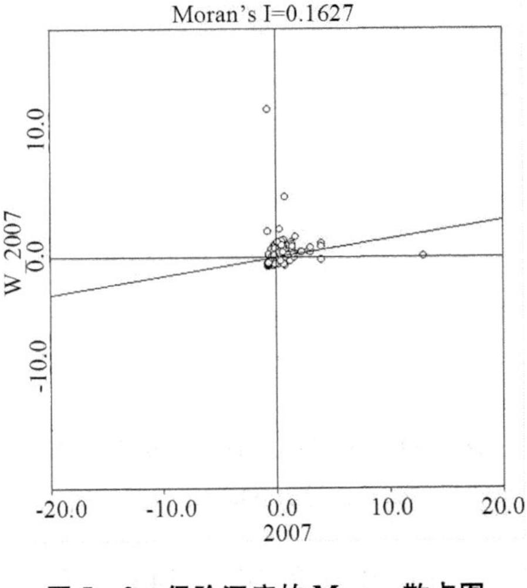

图5-2　保险深度的Moran散点图

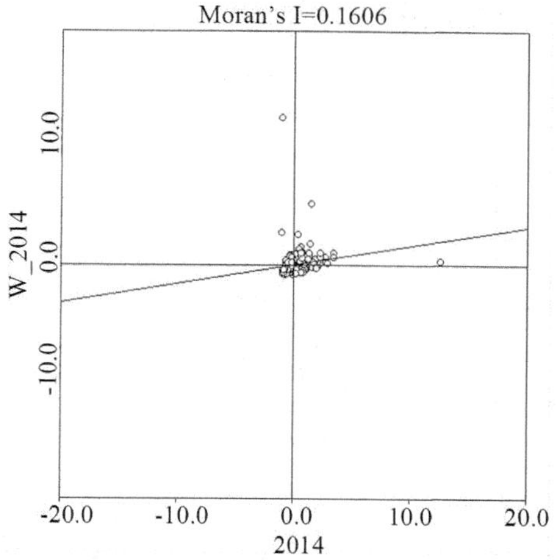

图 5－2　保险深度的 Moran 散点图（续）

（由前至后依次为 2007 年、2014 年）

图 5－3 为 2007 年和 2014 年 345 个地级市以上地区保险密度的 Moran 散点图。2007 年、2014 年保险密度的 Moran's I 指数值分别为 0.3266、0.2597，2007 年位于第一、二、三和四象限的城市数量分别为 93、61、142 和 49，而 2014 年位于第一、二、三和四象限的城市数量分别为 95、79、107 和 64。处于"高—高"空间集聚模式的城市数目增加 2 个，变化不大，处于"高—高"空间集聚模式的城市主要分布在环渤海经济圈、长三角经济圈、福建和广东沿海城市、中原城市群、内蒙古和甘肃西部等地区。处于"低—高"和"高—低"空间集聚模式城市数目分别增加 18 个和 15 个，呈上升趋势，而处于"低—低"空间集聚模式的城市数目减少 35 个，这说明在此期间保费密度先向以"低—高"和"高—低"空间集聚模式为主的方向过渡，在

向“高—高”空间集聚模式演化。

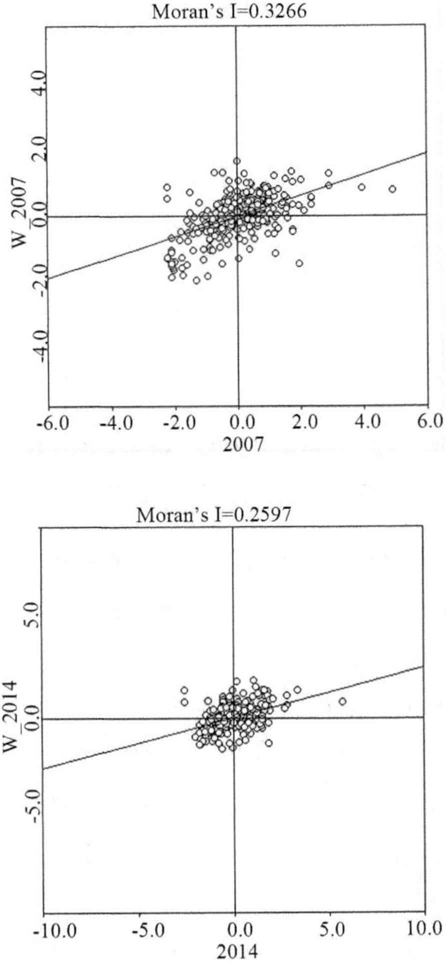

图 5－3　保险密度的 Moran 散点图

（由上至下依次为 2007 年、2014 年）

从保费收入、保险深度以及保险密度三方面的局部空间集聚模式来看，尽管处于“低—低”空间集聚模式的地区数量相对较多，但随着时间不断推移，我国保险业发展的空间集聚模式向“高—高”空间集聚模式演化，说明我国地区间保险业发展确实存在空间集聚现象。从区位角度来看，各地区内部保险业发展的空间集聚性表现出不同演变趋势，地区间差异较为显著。

5.1.2　九大城市群保险业发展的空间关联性分析

（1）全局空间自相关分析

根据 Moran's I 指数公式（2.23）分别计算 2005—2015 年我国九大城市群保险密度和保险深度的全局 Moran's I 指数值，计算结果如表 5-2 所示。

表 5-2　2005—2015 年我国九大城市群全局空间 Moran's I 指数值

年份	保险密度		保险深度	
	Moran's I	统计量 Z 值	Moran's I	统计量 Z 值
2005	0.2067	3.8942	0.1813	3.3157
2006	0.2821	4.9965	0.1942	3.4578
2007	0.3080	5.6499	0.2238	3.8162
2008	0.3156	5.7657	0.3158	5.5796
2009	0.3437	6.1259	0.3068	5.4522
2010	0.2531	4.5104	0.3329	5.9061
2011	0.3223	5.6627	0.3799	6.7352
2012	0.3352	5.9050	0.2702	4.7496
2013	0.3515	6.1972	0.3206	5.7220
2014	0.2766	4.6519	0.2116	3.7189
2015	0.2872	4.9729	0.1710	3.0324

表5－2中包括2005—2015我国全局Moran's I指数值及其相对应统计量 Z 值。由表5－2可知，2005—2015年，九大城市群保险密度的全局Moran's I值介于0.2067与0.3515之间，保险深度的全局Moran's I值介于0.171与0.380之间，且其标准化统计量 Z 值对应的 P 值均小于5%，说明2005—2015年保险密度和保险深度的全局Moran's I指数值均显著大于零，即表示九大城市群的保险业发展并非处于完全随机状态，而是在其空间分布上具有显著正向空间相关性，存在地理空间集聚特征。在样本考察期内，上述两变量Moran's I指数值总体上呈先上升后下降趋势，保险密度Moran's I指数值由2005年的0.2067上升至2013年的最高值0.3515，后下降至2015年的0.2872，而保险深度Moran's I指数值由2005年的0.1813上升至2011年的最高值0.3799，后下降至2015年的0.1710，这说明九大城市群保险业发展所表现出的空间正相关性呈先上升后降低的趋势，空间集聚现象明显。

（2）局部空间自相关分析

采用Moran散点图对保险密度和保险深度的空间特征进行局部空间自相关分析，分别绘制2015年九大城市群152个地级市及以上地区保险密度和保险深度的Moran散点图，如图5－4和图5－5所示。Moran散点图描述了区域单元与其邻域单元间的局部空间相关模式。在图5－4中，2015年有37个城市位于Moran散点图的第一象限，主要包括天津、唐山、秦皇岛、廊坊、大连、沈阳、丹东、辽阳、上海、南京、杭州、苏州、宁波、扬州、金华、南通、广州、中山、东莞、深圳、佛山、珠海等城市，其主要分布在保险

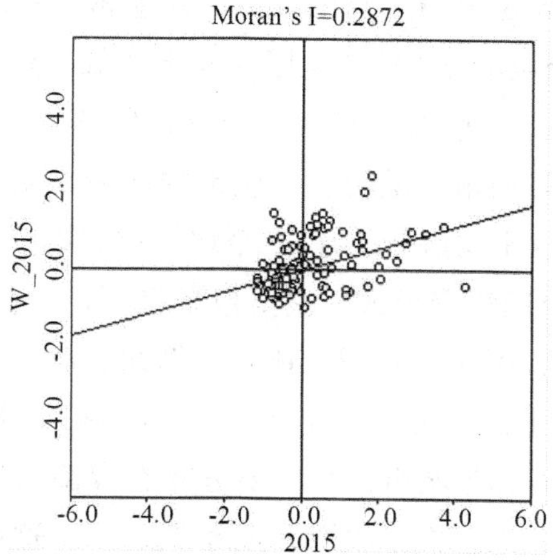

图5-4　2015年保险密度散点图

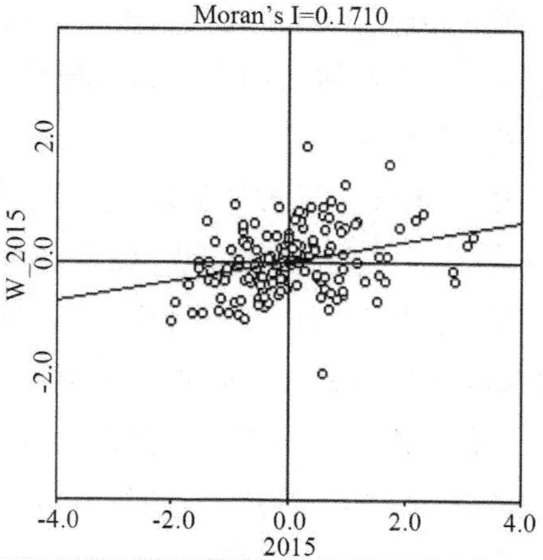

图5-5　2015年保险深度散点图

密度相对较高的京津冀、辽中南、长三角和珠三角城市群，这些城市的保险密度处于“高—高”空间集聚模式，即这些城市的保险密度与其周围城市的保险密度平均值相差不大。有20个城市位于第二象限，处于“低—高”空间集聚模式，如资阳、雅安、眉山、云浮、肇庆、清远、承德、沧州、开封等城市，说明这些城市的保险密度比其邻域城市的保险密度平均值低。有81个城市位于第三象限，处于“低—低”空间集聚模式，主要包括平顶山、衡阳、新余、晋城、洛阳、河源、安阳、黄石、荆州、孝感、广安、黄冈、濮阳、宜春、九江、自贡、乐山、湛江、防城港、北海、崇左、玉林等城市，其主要分布在保险密度相对较低的北部湾、中原、长江中游和成渝城市群，这些城市的保险密度与其邻域城市的保险密度平均值都相对较低。有14个城市位于第四象限，处于“高—低”空间集聚模式，主要包括北京、哈尔滨、郑州、成都、长沙、海口、合肥、南宁、武汉等城市，这些城市的保险密度要明显高于其邻域城市的保险密度平均值。

在图5-5中，有46个城市位于第一象限，处于“高—高”空间集聚模式，主要包括北京、保定、廊坊、中山、深圳、珠海、东莞、杭州、广州、佛山、江门等城市，这些城市的保险深度处于相对较高水平。有30个城市位于第二象限，处于“低—高”空间集聚模式，如绥化、清远、焦作、湛江、鄂州、菏泽、蚌埠、开封、自贡、遂宁等城市，说明这些城市的保险深度比其邻域城市的保险深度平均值低。有52个城市位于第三象限，处于“低—低”空间集聚模式，主要包括崇左、玉林、北海、防城港、萍乡、河源、衡阳、常州、宜昌、茂名等城市，这些城市的保险深度相对较低。有24个城市位于第四象限，处于“高—

低”空间集聚模式，主要包括上海、南京、齐齐哈尔、哈尔滨、沈阳、海口、南宁、郑州、丹东等城市，说明这些城市的保险深度要明显高于其邻域城市的保险深度平均值。

从保险密度和保险深度的局部空间集聚模式来看，第三象限（“低—低”空间集聚模式）所包含的城市数目最多，其次为第一象限（“高—高”空间集聚模式），这说明城市间保险业发展确实存在空间正相关关系，空间集聚现象明显。从区位角度来看，各城市群内部保险业发展的空间相关性或集聚性表现出不同演变特征。

5.1.3　九大城市群保险业集聚的空间关联性分析

（1）全局空间自相关分析

根据 Moran's I 指数公式（2.23）分别计算 2005—2015 年的全局 Moran's I 指数值，计算结果如表 5 - 3 所示。2005—2015 年，九大城市群全局 Moran's I 值介于 0.141 与 0.317 之间，且其标准化统计量 Z 值对应的 P 值均小于 0.05，说明 2005—2015 年保险业集聚的全局 Moran's I 指数值均显著大于零，这说明九大城市群的保险业集聚发展并非处于完全随机状态，而是在其空间分布上具有显著正向空间相关性，城市间保险资源集聚存在协同现象。Moran's I 指数值由 2005 年的 0.141 上升至 2013 年的最高值 0.317，后下降至 2015 年的 0.165，总体上呈先上升后下降趋势，这说明九大城市群保险业集聚所表现出的空间正相关性呈先增强后降低的态势，空间关联现象明显。

表 5-3 保险业集聚的全局空间 Moran's I 指数值

年份	Moran's I	统计量 Z 值	P 值
2005	0. 141	2. 376	0. 030
2006	0. 165	3. 731	0. 020
2007	0. 183	3. 172	0. 010
2008	0. 202	3. 199	0. 020
2009	0. 223	4. 748	0. 010
2010	0. 228	4. 502	0. 010
2011	0. 251	4. 884	0. 010
2012	0. 174	3. 058	0. 010
2013	0. 317	5. 855	0. 010
2014	0. 177	3. 020	0. 020
2015	0. 165	3. 154	0. 010

(2) 局部空间自相关分析

采用 Moran 散点图对保险业集聚的空间特征进行局部空间自相关分析，结果如图 5-6 和图 5-7 所示。Moran 散点图描述了区域单元与其邻域单元间的局部空间相关模式。在图 5-6 中，在 2005 年，Moran 散点图的第一、二、三和四象限内分别有 36 个、23 个、68 个和 25 个城市，在 2015 年，Moran 散点图的第一、二、三和四象限内分别有 41 个、26 个、57 个和 28 个城市，第三象限（“低—低”空间集聚模式）所包含的城市数目最多，其次为第一象限（“高—高”空间集聚模式）。与 2005 年相比，2015 年 Moran 散点图第一、二和四象限中城市数量分别增加了 5 个、3 个和 3 个，而第三象限城市数量减少了 11 个，这说明随着时间推移，我国城市保险业空间集聚存在由“低—低”空间集聚模式向“高—高”空间集聚模式的主演化趋势。第一象限城市主要包括天津、唐山、上海、南京、杭州、宁波、大连、广州、东莞、深圳等城市，主要分布在保险业集聚程度相对较高的京津冀、长三角和珠三角城市群，这些城市的保险业集聚程度处于“高—高”空间集聚模式。第二象限主要包括承德、沧州、开封、资阳、雅安、眉山等城市，处于“低—高”空间集聚模式。第三象限主要包括洛阳、河源、安阳、黄冈、濮阳、宜春、九江、自贡、防城港、崇左、玉林等城市，处于“低—低”空间集聚模式。第四象限主要包括北京、哈尔滨、郑州、南宁、武汉等城市，处于“高—低”空间集聚模式，这些城市的保险业集聚程度要明显高于其邻域城市的保险业集聚程度平均值。

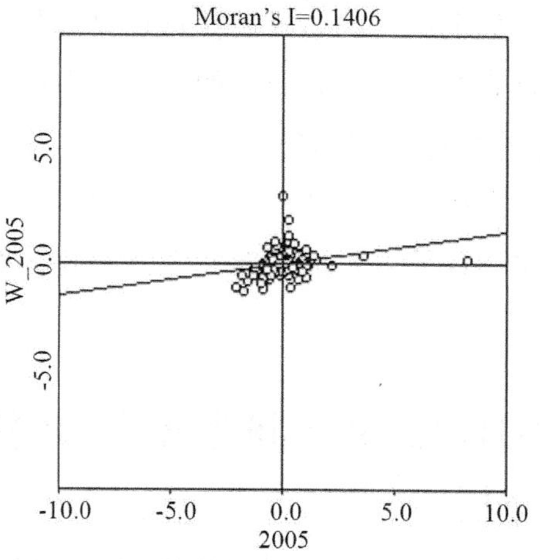

图5-6　2005年Moran散点图

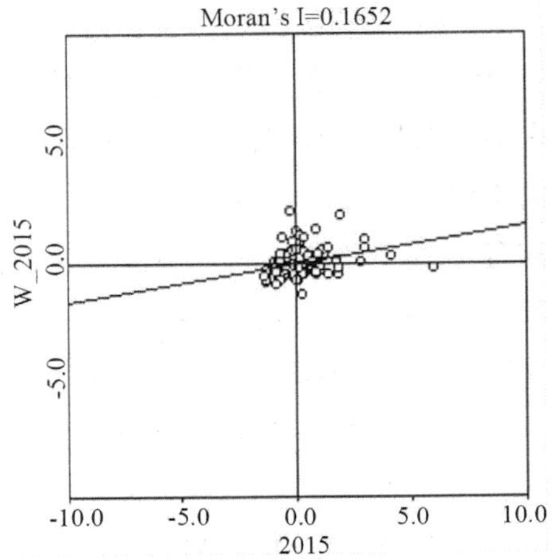

图 5－7　2015 年 Moran 散点图

以上分析表明，城市保险业集聚发展存在空间正相关性。这种空间集聚性或空间异质性特征是否促进了我国保险业发展的进程？其整体和局部的空间动态转移路径又如何？其存在怎样的长期稳态分布？鉴于此，进一步采用空间马尔可夫链方法（SMCs）和 LISA 马尔可夫链从整体和局部角度研究中国保险业发展的时空动态演化趋势和路径转移规律。

5.2　我国保险业空间集聚的动态转移路径分析

5.2.1　基于空间马尔可夫链的空间转移分析

本小节将运用空间马尔可夫链方法分析城市在受其邻

域城市保险业集聚水平影响下，其水平在下一时刻向下或向上转移的概率分布，即考察2005—2015年我国345个地级市以上地区保险业发展在空间滞后影响下的分布演进趋势。按五分位点将保险业空间集聚指数划分为5种类型，即低水平、中低水平、中水平、中高水平和高水平，由低到高依次记为Ⅰ、Ⅱ、Ⅲ、Ⅳ和Ⅴ。借助Python软件分别计算传统马尔可夫转移矩阵和空间马尔可夫转移矩阵，计算结果如表5-4所示。

表5-4　传统马尔可夫转移矩阵

观测类型	Ⅰ	Ⅱ	Ⅲ	Ⅳ	Ⅴ
Ⅰ	0.9330	0.0507	0.0145	0.0018	0.0000
Ⅱ	0.0561	0.8590	0.0741	0.0072	0.0036
Ⅲ	0.0072	0.0779	0.8152	0.0996	0.0000
Ⅳ	0.0036	0.0091	0.0944	0.8603	0.0327
Ⅴ	0.0000	0.0036	0.0000	0.0326	0.9638

在表5-4中，从整体角度来看，在不考虑空间因素的影响下，传统马尔可夫转移概率矩阵中Ⅰ、Ⅱ、Ⅲ、Ⅳ以及Ⅴ观测类型保持原有状态的概率依次为93.3%、85.9%、81.5%、86.0%和96.4%。

在表5-5中，当考虑空间因素的影响时，在观测类型的一步空间马尔可夫转移概率矩阵中，类型Ⅰ保持原状态的概率依次为90.28%、83.47%、70.53%、67.21%和80.68%，类型Ⅱ保持原状态的概率分别为80.91%、77.78%、71.40%、78.00%和77.27%，类型Ⅲ保持原状态的概率分别为77.38%、76.61%、71.31%、65.32%和72.58%。这说明我国保险业空间集聚在样本期2005—2015

年内并未达到稳定阶段。

表 5-5 观测类型的一步空间马尔可夫转移概率矩阵

空间滞后	观测类型	Ⅰ	Ⅱ	Ⅲ	Ⅳ	Ⅴ
Ⅰ	Ⅰ	0.9028	0.0648	0.0000	0.0093	0.0231
	Ⅱ	0.1184	0.8091	0.0726	0.0000	0.0000
	Ⅲ	0.0000	0.1752	0.7738	0.0390	0.0119
	Ⅳ	0.0137	0.0000	0.0848	0.8630	0.0385
	Ⅴ	0.0128	0.0000	0.0000	0.0513	0.9359
Ⅱ	Ⅰ	0.8347	0.1074	0.0496	0.0000	0.0083
	Ⅱ	0.0476	0.7778	0.1508	0.0159	0.0079
	Ⅲ	0.0177	0.1150	0.7611	0.1062	0.0000
	Ⅳ	0.0000	0.0238	0.1190	0.7857	0.0714
	Ⅴ	0.0194	0.0097	0.0097	0.0291	0.9320
Ⅲ	Ⅰ	0.7053	0.1930	0.0900	0.0116	0.0000
	Ⅱ	0.0581	0.7140	0.1863	0.0200	0.0116
	Ⅲ	0.0000	0.0902	0.7131	0.1803	0.0164
	Ⅳ	0.0163	0.0000	0.1138	0.7724	0.0976
	Ⅴ	0.0155	0.0078	0.0155	0.1318	0.8295
Ⅳ	Ⅰ	0.6721	0.2951	0.0164	0.0164	0.0000
	Ⅱ	0.0300	0.7800	0.1500	0.0200	0.0200
	Ⅲ	0.0161	0.0829	0.6532	0.2135	0.0342
	Ⅳ	0.0000	0.0075	0.0569	0.8060	0.1297
	Ⅴ	0.0156	0.0078	0.0313	0.0947	0.8506
Ⅴ	Ⅰ	0.8068	0.1591	0.0000	0.0114	0.0227
	Ⅱ	0.0182	0.7727	0.1636	0.0364	0.0091
	Ⅲ	0.0090	0.0811	0.7258	0.1841	0.0000
	Ⅳ	0.0159	0.0159	0.0270	0.7698	0.1714
	Ⅴ	0.0085	0.0000	0.0171	0.0769	0.8974

此外，我国保险业在其集聚过程中产生明显空间效应，这种空间效应主要体现在：

（1）传统马尔可夫转移概率矩阵与空间马尔可夫转移概率矩阵存在明显差别，即空间因素对不同观测类型的空间转移概率产生显著差异影响。例如，当忽略空间滞后影响因素时，在传统马尔可夫转移概率矩阵中，观测类型Ⅰ向观测类型Ⅱ转移的概率为5.07%，观测类型Ⅱ向观测类型Ⅲ转移的概率为7.41%，观测类型Ⅲ向观测类型Ⅳ转移的概率为9.96%，观测类型Ⅳ向观测类型Ⅴ转移的概率为3.27%。当依次考虑不同类型的空间滞后因素时，观测类型Ⅰ向观测类型Ⅱ转移的概率依次为6.48%、10.74%、19.30%、29.51%和15.91%，观测类型Ⅱ向观测类型Ⅲ转移的概率依次为7.26%、15.08%、18.63%、15%和16.36%。观测类型Ⅲ向观测类型Ⅳ转移的概率依次为3.9%、10.62%、18.03%、21.35%和18.41%。观测类型Ⅳ向观测类型Ⅴ转移的概率依次为3.85%、7.14%、9.76%、12.97%和17.14%。

（2）邻域保险业集聚水平的提高能够增加（降低）本区域保险业集聚水平向上（向下）转移的概率，“溢出效应”和“短板效应”显著。首先，随着空间滞后类型的依次提高（由Ⅰ到Ⅴ），观测类型Ⅰ向上转移的概率（总和）分别为9.72%、16.53%、29.47%、32.79%和19.32%，说明当与Ⅰ类型相邻的滞后类型逐渐提升时，这种正面促进效应会先增大后减小。观测类型Ⅱ向上转移的概率（总和）依次为7.26%、17.46%、22.79%、19.00%和20.91%，正向溢出效应先上升后下降再上升。观测类型Ⅲ向上转移的概率（总和）依次为5.10%、10.62%、19.67%、24.77%和18.41%，正向效应呈先上升后下降趋势。其次，随着空间滞后类型的依次降低（由Ⅴ到Ⅰ），观测类型Ⅴ向下转移的概率（总和）依次为10.26%、14.94%、17.05%、6.80%和6.41%，观测类型Ⅳ向下转移的概率（总和）依次为5.88%、6.44%、13.00%、14.29%和6.85%，观测类型Ⅴ和Ⅳ向下转移的概率均呈先上升后下降趋势。这说明当空间滞后类型逐渐降低时，低空间滞后类型对高观测类型产生负面影响，说明保险业集聚水平较高的城市在其进一步发展过程中存在邻域空间上的"短板效应"。除此之外，从上述变化趋势还可以得出，不管是"溢出效应"还是"短板效应"，当观测类型与其邻域类型存在适度的差距时，"溢出效应"或"短板效应"的影响作用就会明显增强，当两观测类型间的差距过大或过小时，这种效应的影响作用则会减弱。

（3）"溢出效应"要大于"短板效应"，即等级高于观测类型的空间滞后所产生的正面影响大于等级低于观测类型的空间滞后所产生的负面影响。对于观测类型Ⅱ，当空间滞后类型分别为Ⅲ、Ⅳ和Ⅴ时，其向上转移得概率分别为29.47%、19.00%和20.91%，当空间滞后类型为Ⅰ时，其向下转移的概率为11.84%。对于观测类型Ⅲ，当空间滞后类型分别为Ⅳ和Ⅴ时，其向上转移的概率分别为24.77%、18.41%，当空间滞后类型分别为Ⅰ和Ⅱ时，其向下转移的概率分别为17.52%和13.27%。对于观测类型Ⅳ，当空间滞后类型为Ⅴ时，其向上转移的概率为17.14%，当空间滞后类型分别为Ⅰ、Ⅱ和Ⅲ时，其向下转移的概率分别为 9.85%、14.28% 和 13.01%。这说明如果一个城市邻域的等级类型平均值高于其本身等级类型，则其会受到相对较大的“溢出效应”影响，说明我国保险业集聚具有明显的“俱乐部趋同”现象。这在一定程度上能够解释为什么随着时间推移我国保险业发展逐渐呈现出以“高—高”空间集聚模式为主的演化趋势。

表 5－6　观测类型的一步空间马尔可夫遍历分布概率

	Ⅰ	Ⅱ	Ⅲ	Ⅳ	Ⅴ
Ⅰ	0.3410	0.2412	0.1174	0.1704	0.1300
Ⅱ	0.1760	0.2205	0.2605	0.1179	0.2251
Ⅲ	0.1722	0.1864	0.1912	0.2666	0.1836
Ⅳ	0.0394	0.1837	0.2171	0.3094	0.2505
Ⅴ	0.0608	0.1616	0.2794	0.2773	0.2209

表 5－6 表示了不同观测类型转移概率的长期稳定状态分布。当空间滞后处于Ⅰ类型时，观测类型转移到中高水平及以上（类型Ⅳ、Ⅴ）的转移概率之和为 0.3004，明显小于其转移到中低水平及以下（类型Ⅱ、Ⅰ）的转移概率之和 0.5822。当空间滞后类型为Ⅱ时，观测类型转移到中高水平及以上（类型Ⅳ、Ⅴ）的转移概率之和（0.3430）要小于其转移到中低水平及以下（类型Ⅱ、Ⅰ）的转移概率之和（0.3965）。当空间滞后处于Ⅲ类型时，情况则相反，观测类型转移到中高水平及以上的转移概率之和（0.4502）要大于其转移到中低水平及以下的转移概率之和（0.2231）。与之相类似，当空间滞后处于Ⅳ、Ⅴ类型时，观测类型转移到中高水平及以上的转移概率之和要大于其转移到中低水平及以下的转移概率之和。

5.2.2 基于 LISA 马尔可夫链的空间模式演化分析

表 5－7 LISA 马尔可夫转移概率矩阵

	保险业集聚				保险深度				保险密度			
	H—H	L—H	L—L	H—L	H—H	L—H	L—L	H—L	H—H	L—H	L—L	H—L
H－H	0.783	0.086	0.026	0.105	0.741	0.132	0.000	0.127	0.745	0.095	0.032	0.127
L－H	0.362	0.426	0.100	0.112	0.315	0.558	0.026	0.102	0.275	0.500	0.012	0.212
L－L	0.058	0.206	0.502	0.234	0.000	0.216	0.574	0.210	0.017	0.166	0.670	0.147
H－L	0.294	0.110	0.071	0.526	0.271	0.053	0.050	0.627	0.309	0.113	0.085	0.493
遍历	0.416	0.226	0.163	0.195	0.496	0.277	0.110	0.117	0.379	0.226	0.182	0.212

空间马尔可夫转移概率从整体角度揭示了我国 345 个地级市以上地区保险业发展的空间动态演化趋势，而 LISA 马尔可夫转移概率可以从局部角度研究出其空间集聚模式的动态路径转移规律。计算结果如表 5－7 所示。（1）对于保险业集聚指数，其向外扩散路径的转移概率为 0.404，饱和型向外扩散概率和取代型向外扩散概率分别为 0.294 和 0.110；其向内扩散路径的转移概率为 0.474，饱和型向内扩散概率和取代型向内扩散概率分别为 0.362 和 0.112。（2）对于保险深度，其向外扩散路径的转移概率为 0.324，饱和型向外扩散概率和取代型向外扩散概率分别为 0.271 和 0.053；其向内扩散路径的转移概率为 0.417，饱和型向内扩散概率和取代型向内扩散概率分别为 0.315 和 0.102。（3）对于保险密度，其向外扩散路径的转移概率为 0.422，饱和型向外扩散概率和取代型向外扩散概率分别为 0.309 和 0.113；其向内扩散路径的转移概率为 0.387，饱和型向内扩散概率和取代型向内扩散概率分别为 0.275 和 0.212。从保险业集聚指数、保险深度和保险密度三个角度来看，饱

和型转移概率（饱和型向外扩散概率与饱和型向内扩散概率之和）大于取代型转移概率（取代型向外扩散概率与取代型向内扩散概率之和），这说明我国保险业集聚在区位邻域间存在明显溢出效应。

从 LISA 马尔可夫转移概率矩阵中还可以看出，矩阵中主对角线上的概率值要明显大于其他位置元素值，尤其是“高—高”空间集聚模式，说明在我国保险业发展过程中“高—高”空间集聚模式较其他模式相对稳定，在非主对角线上的元素中，从“低—高”空间集聚模式和“高—低”空间集聚模式向“高—高”空间集聚模式转移的概率相对较大，进一步解释了随着时间推移我国保险业发展逐渐呈现出以“高—高”空间集聚模式为主的演化趋势。尽管“低—低”空间集聚模式向“高—高”空间集聚模式转移的概率较小，但其向“低—高”空间集聚模式和“高—低”空间集聚模式转移的概率相对较大，说明“低—低”空间集聚模式先向“高—低”和“低—高”空间集聚模式过渡，再向“高—高”空间集聚模式演化。从长期遍历分布概率来看，“高—高”空间集聚模式的长期稳态概率最大，分别为 0.416、0.496 和 0.379，其次是“低—高”空间集聚模式和“高—低”空间集聚模式，“低—低”空间集聚模式最低，说明随着时间推移，“高—高”空间集聚模式将成为我国保险业发展的演化趋势，这也进一步印证了前文所得结论。

空间集聚性或空间集聚模式转移是否加速了城市间保险业发展水平的收敛？其收敛模式又有何特点？这些问题值得进一步探讨和分析。鉴于此，接下来将空间效应纳入保险业发展收敛性研究之中，深入分析在非空间视角和空间视角下各城市群保险深度和保险密度收敛速度的差异，以期为我国保险业收敛性研究提供新视角。

5.3 我国保险业空间收敛性分析

5.3.1 收敛理论与方法

（1）收敛理论

由于我国各区域发展的背景不同，各地区经济发展水平差异明显，区域经济发展演变趋势也不尽相同，整体上经济发展在空间和时间上呈渐进性，具有收敛态势。在各地区努力缩小经济差异的同时，各地区保险业发展在相同时期内可能表现出很大差异性，因此，在进行保险业发展的区域差异分析时，应充分考虑各地区或城市间的异质性。

收敛性理论最早由 Solow 提出，此后诸多学者围绕收敛存在与否、收敛原因以及收敛速度的快慢等问题进行深入研究，Baumol（1986）将收敛方法应用于区域经济增长问题的研究，探讨区域经济增长的收敛性，他以 16 个工业化国家为研究对象，认为在 1870—1978 年，工业化国家的经济发展过程中存在明显的收敛现象。而 Delong（1988）认为 Baumol 的研究具有明显偏向性，认为在研究样本中加入工业化程度较低的国家后，所得结论与之相差较大。随后 Barro 和 Martin（1991）、Quah（1996）、Nahar 和 Inder（2002）以及 Johan 和 Hansen（2003）等对经济增长的收敛性做出了相关的实证研究，其研究结论认为经济增长存在不同特征的收敛现象。Abramovitz（1986）研究了收敛的原因，认为工业化国家间的收敛趋势主要是由技术扩散、技术模仿以及技术追赶等原因所造成的。Barro 和 Martin（1995，1997）通过领导者—跟随者模型，认为技术扩散在很大程度上影响着经济增长的收敛性和收敛速度，这与地区经济开放程度、外商直接投资以及地区间贸易活动存在较为密切的关系。Ben－David 和 Ayalkimhi（2000）、Wolffgang Keller（2002）和 Guadalup（2003）等学者研究认为，贸易活动导致技术扩散，其对经济体之间经济增长的收敛性产生促进作用。

由于我国区域经济差距逐渐扩大，国内学者对我国区域经济的收敛性进行了相关研究，林毅夫、蔡昉和李周（1998）、魏后凯（1997）、林毅夫和刘明兴（2003）、覃成林（2004）等学者对我国区域经济增长进行了 σ 收敛检验，研究认为我国区域经济增长在1978—1990年存在 σ 收敛现象。沈坤荣和马俊（2002）、滕建州和梁琪（2006）、刘生龙等（2009）以及周亚虹（2009）等学者对我国经济增长进行了 β 收敛研究，认为我国经济增长的 β 收敛现象存在明显阶段性和区域性，所得结论并未形成一致。而覃成林和张伟丽（2009）、刘金全等（2009）的研究认为我国区域经济发展存在明显的俱乐部收敛特征。

（2）收敛方法

在新古典经济增长理论中，由于要素边际报酬递减，经济相对发达的地区增长速度要小于经济落后的地区，且这种增速差距随着时间推移逐渐缩小，不同区域经济发展将收敛于稳定状态（Barro，1998）。为进一步检验各城市群保险业发展的空间特征对其收敛机制的影响，将采用不同收敛分析方法进行检验。常见的收敛分析方法主要有 σ 收敛、β 收敛。

①σ 收敛方法

σ 收敛是指不同城市群或地区保险业发展水平的标准差或者变异系数随着时间的推移而逐渐缩小。采用变异系数指标来衡量城市保险业发展是否存在 σ 收敛。若地区或城市群保险业发展指标变异系数随着时间的推移而下降，这说明该区域或城市群保险业发展存在 σ 收敛。其计算公式如下。

$$\sigma = \frac{\sqrt{\sum_{i}^{n_j} (y_{ij} - \bar{y}_j)^2 / n_j}}{\bar{y}_j} \tag{5.1}$$

其中，y_{ij} 表示在 t 时期内 j 城市群内 i 城市保险业发展程度，n_j 表示 j 城市群内城市的数目（$j = 1,2,3\cdots$），$\bar{y}_j$ 表示 j 城市群在 t 时期内保险业发展的平均值，分别采用保险密度和保险深度两个指标来衡量保险业发展程度。

②β 收敛方法

β 收敛是指保险业发展水平相对较低的城市群将会比保险业发展水平相对较高的城市群有更高的增长速度，即城市群保险业发展速度与其初始水平成反比。β 收敛包括绝对 β 收敛和条件 β 收敛两种。绝对 β 收敛是指在不控制其他影响因素的条件下，不同城市群保险业发展将逐渐收敛到相同增长水平，城市群间不存在差距。条件 β 收敛是考虑了各地区自身发展特征，各城市群保险业发展朝各自稳态水平收敛，城市群间仍存在差距。此外，为考察空间集聚性或相关性对城市群保险业发展收敛的影响作用，分别构建不含空间效应的 β 收敛模型和纳入空间效应的 β 收敛模型。

a. 绝对 β 收敛模型

不含空间效应的绝对 β 收敛模型和纳入空间效应的绝对 β 收敛模型的表达式分别如公式（5.2）和公式（5.3）所示。

$$\ln\frac{y_{i,t+1}}{y_{i,t}} = \alpha + \beta\ln y_{i,t} + \mu_i \tag{5.2}$$

$$\ln\frac{y_{i,t+1}}{y_{i,t}} = \alpha + \beta\ln y_{i,t} + \rho w_{ij}\ln\frac{y_{i,t+1}}{y_{i,t}} + \mu_i \tag{5.3}$$

其中，$y_{i,t+1}$ 表示 $t+1$ 时期 i 城市保险业发展程度，$y_{i,t}$ 表示 t 时期 i 城市保险业发展程度，$\ln y_{i,t+1}/y_{i,t}$ 表示 i 城市在 $t+1$ 时期保险业发展增长率。w_{ij} 表示空间权重矩阵，ρ 为空间系数，表示地理距离相近地区的保险业发展对本地区保险业发展的影响。β 表示收敛系数，α 为常数项。若 $\beta < 0$ 且通过显著性水平检验，则说明城市保险业发展具有收敛特征，否则具有发散特征。

b. 条件 β 收敛模型

不含空间效应的条件 β 收敛模型和纳入空间效应的条件 β 收敛模型的表达式分别如公式（5.4）和公式（5.5）所示。

$$\ln\frac{y_{i,t+1}}{y_{i,t}} = \alpha + \beta\ln y_{i,t} + BX + \mu_i \tag{5.4}$$

$$\ln\frac{y_{i,t+1}}{y_{i,t}} = \alpha + \beta\ln y_{i,t} + \rho w_{ij}\ln\frac{y_{i,t+1}}{y_{i,t}} + BX + \mu_i \tag{5.5}$$

其中，X 为控制变量，B 为控制变量的系数。在研究各城市群保险业发展 β 条件收敛时，将人均 GDP（pcgdp）、金融发展水平（Fin）以及第三产业集聚程度（Agglt）设置为控制变量。其中，人均 GDP（pcgdp）：国民收入水平是影响保险需求的重要因素，居民收入水平越高，居民消费水平越高，其对保险产品需求就越大。故采用人均 GDP 来衡量国民收入水平或经济发展水平，并进行对数值处理。金融发展水平（Fin）：随着区域金融发展水平提高，其外部规模经济效应和资源配置效应等逐渐显现，这将有利于区域保险业发展。本书采用金融机构存贷款总额占 GDP 比重来衡量城市金融发展水平。第三产业集聚程度（Agglt）：产业结构涉及与保险业运行有关的结构性问题，保险业属于第三产业，第三产业集聚效应促进了保险资金、人才等要素流动，使其在信息传递、技术、知识以及人力资本贡献等各方面产生溢出，能够有效推动保险业发展。本书采用区位熵指数来衡量第三产业集聚程度，即以各城市第三产业增加值占该城市 GDP 的比重除以全国第三产业增加值占全国 GDP 比重计算。

5.3.2 九大城市群保险业发展的 σ 收敛分析

根据变异系数公式（5.1）分别计算九大城市群保险深度和保险密度的变异系数，表 5－8 为各城市群变异系数的年均增长率，图 5－8 和图 5－9 分别描述了保险深度和保险密度 σ 收敛系数的时间变化趋势。

表 5－8　九大城市群变异系数的年均增长率

城市群	保险深度	保险密度	城市群	保险深度	保险密度
京津冀	－6.39%	－6.27%	长江中游	2.51%	－1.79%
辽中南	－0.78%	－1.37%	珠三角	－5.69%	－2.69%

续表

城市群	保险深度	保险密度	城市群	保险深度	保险密度
哈长	-4.59%	-4.44%	北部湾	1.39%	-2.69%
长三角	4.11%	-2.13%	成渝	-1.88%	-2.12%
中原	1.05%	-0.44%	——		

一方面，就保险深度而言，除长三角、中原、长江中游以及北部湾城市群外，京津冀、辽中南、哈长、珠三角和成渝城市群保险深度变异系数的年均增长率均小于零，分别为 -6.39%、-0.78%、-4.59%、-5.69%、-1.88%，年均降幅最大的为京津冀城市群。说明长三角、中原、长江中游以及北部湾城市群保险深度总体上并不具有 σ 收敛特征，而京津冀、辽中南、哈长、珠三角和成渝城市群的保险深度表现出 σ 收敛特征。在图 5-8 中，各城市群变异系数在不同时间段内变化趋势有所不同，如京津冀城市群变异系数在 2008—2010 年、2011—2013 年呈上升趋势。辽中南城市群变异系数在 2005—2007 年下降幅度较大，但其在 2008—2015 年大致呈上升趋势。

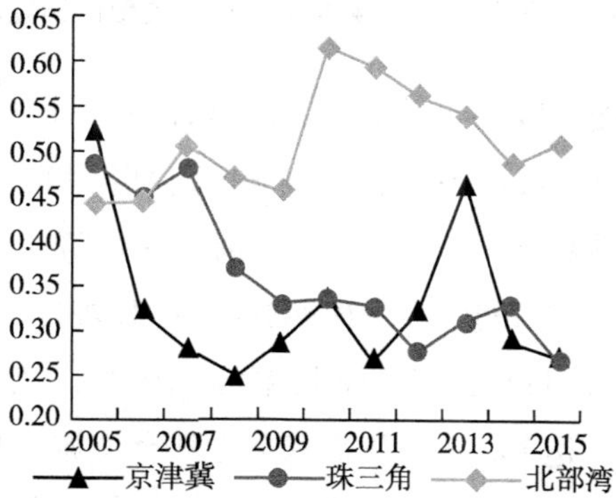

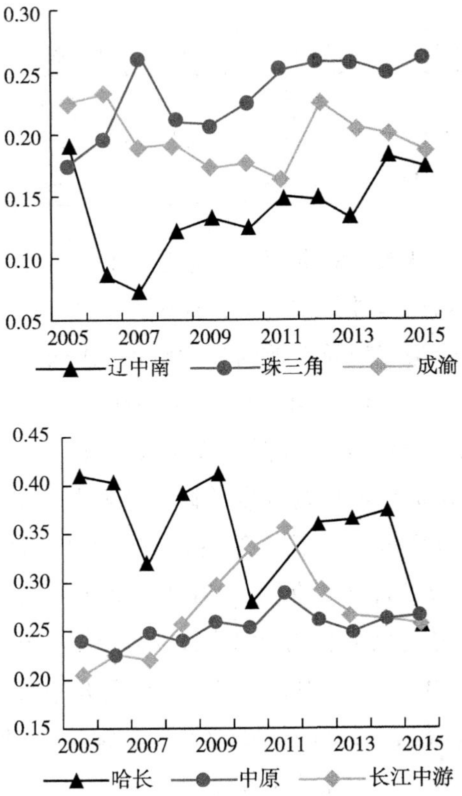

图 5-8　九大城市群保险深度的 σ 收敛的演变趋势

另一方面，就保险密度而言，京津冀、辽中南、哈长、长三角、中原、长江中游、珠三角、北部湾和成渝城市群保险密度变异系数的年均增长率分别为 -6.27%、-1.37%、-4.44%、-2.13%、-0.44%、-1.79%、-2.69%、-2.69%和 -2.12%，年均增长率均小于零，京津冀城市群的降幅最大，达到 -6.27%，其次为哈长城市群。2005—2015 年，各城市群保险密度的变异系数总体上呈下降趋势，具有 σ 收敛特征。从图 5－9 中看出，保险密度变异系数的变化趋势在各城市群间具有显著差异，如京津冀城市群在 2005—2009 年和 2012—2015 年变异系数呈稳定下降趋势，长江中游城市群变异系数呈现出“W”形变化趋势，其值在 2010 年达到最高值 0. 612，在 2012 年达到最低值 0. 417。

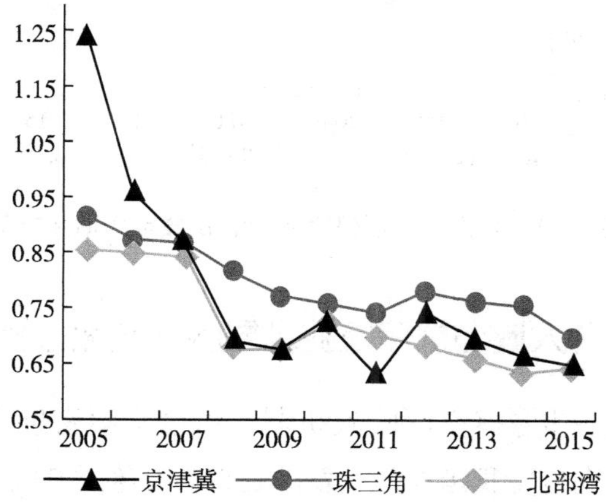

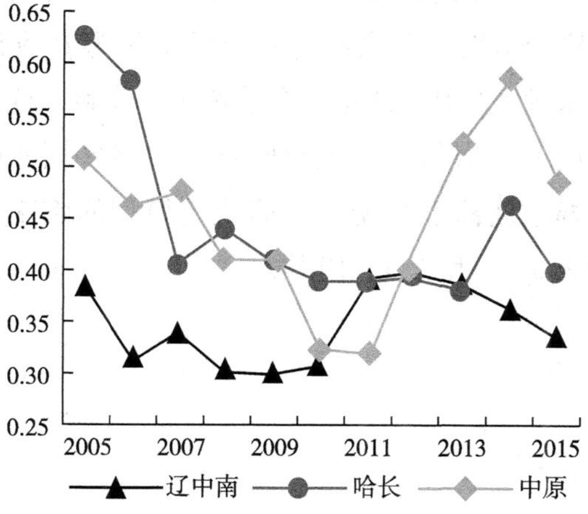

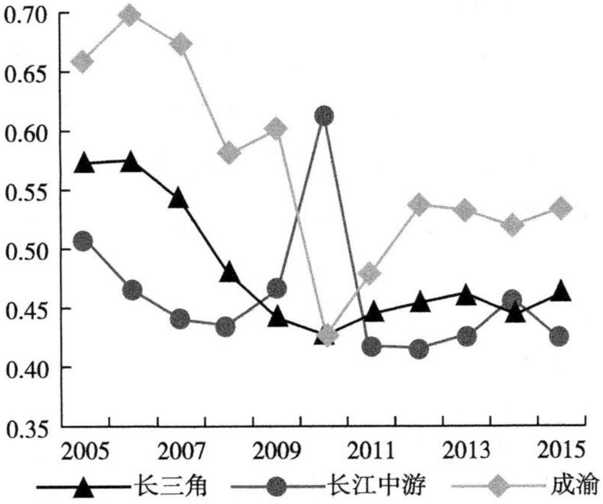

图 5-9　九大城市群保险密度的 σ 收敛的演变趋势

5.3.3　九大城市群保险业发展的 β 收敛分析

为进一步考察空间收敛机制，通过保险密度和保险深度指标分别检验我国保险业发展是否具有绝对 β 收敛和条件 β 收敛特征。以九大城市群 152 个城市作为研究对象，结合 Hausman 检验结果，选取固定效应模型作为 β 收敛分析模型。在此基础上运用 LM 检验和稳健 LM 检验，分别检验无空间滞后因变量原假设和无空间自相关误差项原假设，以此作为选择空间滞后模型和空间误差模型的判断标准。检验结果如表 5-9 和表 5-10 所示。

表 5 -9　九大城市群保险密度的空间相关性检验结果

城市群	绝对 β 收敛				条件 β 收敛			
	LM - Lag	Robust LM - Lag	LM - Error	Robust LM - Error	LM - Lag	Robust LM - Lag	LM - Error	Robust LM - Error
总体	2679.7***	1109.3***	1571.2***	78.8***	2682.7***	1367.4***	1315.6***	35.0***
京津冀	7.0**	5.6**	3.7*	2.9*	6.8**	4.3**	5.3**	2.7*
辽中南	20.1***	2.7*	17.5***	0.01	66.5***	49.4***	23.2***	6.1**
哈长	2.5	1.0	1.8	0.3	2.3	1.9	1.2	0.8
长三角	52.2***	7.1***	45.1***	0.1	36.2***	2.4	35.7***	1.8
中原	168.9***	59.3***	112.5***	2.9*	151.0***	64.9***	87.4***	1.4
长江中游	759.5***	177.2***	582.7**	0.5	726.3***	215.8***	511.5***	1.0
珠三角	127.8***	6.3**	126.5***	5.0**	122.5***	14.4***	112.3***	4.5**
北部湾	49.2***	1.8	47.4***	0.1	50.1***	0.4	50.8***	1.2
成渝	26.8***	6.8**	20.1***	0.02	41.1***	22.7***	21.0***	2.8*

注释：表中“*”“**”和“***”分别表示 10%、5% 和 1% 的显著性水平，下同。

表 5-10 九大城市群保险深度的空间相关性检验结果

城市群	绝对β收敛				条件β收敛			
	LM - Lag	Robust LM - Lag	LM - Error	Robust LM - Error	LM - Lag	Robust LM - Lag	LM - Error	Robust LM - Error
总体	3951.3***	521.6***	3449.8***	20.1***	4073.0***	1178.1***	2895.9***	11.3***
京津冀	8.6***	1.2	7.4***	0.6	9.9***	3.6*	6.9***	1.6
辽中南	116.1***	10.8***	106.3***	10.6***	117.1***	10.8***	108.1***	7.8***
哈长	100.3***	5.0**	103.5***	3.3*	94.6***	2.2	95.7***	3.2*
长三角	327.3***	2.0	337.8***	12.5***	282.7***	3.1*	300.0***	20.4***
中原	178.0***	21.9***	158.5***	2.5	167.4***	53.0***	114.4***	0.1
长江中游	244.2***	7.8***	246.3***	9.8***	245.3***	59.5***	186.2***	5.1**
珠三角	96.4***	8.2***	89.0***	7.5***	89.6***	5.1**	87.6	3.0*
北部湾	37.9***	0.9	37.8***	0.2	36.7***	0.7	36.1***	0.3
成渝	66.5***	14.0***	53.2***	0.8	63.9***	24.8***	39.3***	0.2

表5－9报告了保险密度β收敛模型的LM检验及其稳健形式检验结果，在绝对β收敛检验结果中，除哈长城市群外，总体及其余八大城市群的LM－Lag统计量和LM－Error统计量均在1%或5%上的水平上显著，除哈长、北部湾城市群外，其余城市群的稳健LM－Lag统计量（R－LM－Lag）在5%或10%上显著，而稳健LM Error统计量（R－LM－Error）仅在总体、京津冀、中原和珠三角城市群中显著。检验结果表明，总体上应拒绝无空间滞后因变量假设和无空间自相关误差项原假设。通过对比发现，尽管LM－Lag统计量和LM－Error统计量的显著性水平相近，但LM－Lag检验统计量值要大于LM－Error检验统计量值，且稳健LM－Lag（R－LM－Lag）统计量及其显著水平明显高于稳健LM－Error（R－LM－Error），相应地，在条件β收敛的LM检验及其稳健形式检验中，LM－Lag检验统计量值要大于LM－Error值，R－LM－Lag统计量值要大于R－LM－Error值，即空间滞后模型要优于空间误差模型，故选择空间滞后模型进行保险密度β收敛分析。

相类似地，表5－10报告了保险深度β收敛模型的LM检验及其稳健形式检验结果，表5－10结果显示，除哈长、长三角城市群外，其余城市群的LM－Lag检验统计量值要大于LM－Error值，R－LM－Lag统计量值要大于R－LM－Error值，且绝大部分模型的LM－Lag值和R－LM－Lag值通过5%显著性水平检验，故保险深度β收敛分析将以空间滞后模型估计结果为主。

表5－11报告了保险密度绝对β收敛模型估计结果，表5－12和表5－13报告了保险密度条件β收敛模型估计结

果。可以看出，在表5-11中除了京津冀城市群的空间系数ρ未通过显著性水平检验外，其余城市群估计结果中的空间系数ρ均显著大于零，说明绝大多数城市群保险密度收敛存在空间正相关性。

此外，不论是普通面板模型还是空间滞后模型，β收敛系数均小于零，但表5-11中的总体、长三角、长江中游以及珠三角城市群的β收敛系数不显著，说明这些城市群保险密度的绝对β收敛不明显，由于城市间保险业发展环境不同，以及经济水平差异等因素，九大城市群保险密度的发展很难形成一致。京津冀、辽中南、哈长、中原、北部湾以及成渝城市群的β收敛系数显著小于零，说明这些城市群保险密度存在绝对β收敛现象现象。

从表5-12和表5-13中结果可以看出，当纳入控制变量后，总体和九大城市群的空间滞后模型拟合优度（R^2）均要明显大于相对应的普通面板回归模型，不论是否考虑空间效应，条件β收敛模型中的β收敛系数均小于零，且通过1%显著性水平检验，这表明保险密度发展存在较为显著的条件β收敛现象，即九大城市群保险密度的增长速度与其初始水平呈负相关。从总体角度来看，第三产业集聚程度、金融发展水平以及人均GDP对保险密度收敛产生重要影响。随着产业集聚、金融发展程度以及经济发展水平的调整，各城市群保险密度的发展将逐渐达到各自稳态水平。从区位角度来看，变量人均GDP（pcgdp）在空间滞后模型中均显著大于零，第三产业集聚（Agglt）仅在京津冀、哈长、长三角、中原、长江中游城市群相应模型中显著大于零，在其余城市群中并不显著。金融发展水平（Fin）仅在辽中

表 5-11　保险密度的绝对 β 收敛模型估计结果

城市群	OLS	SLM		城市群	OLS	SLM	
	β	β	ρ		β	β	ρ
总体	-0.089	-0.552	0.871**	中原	-0.133***	-0.598***	0.714***
京津冀	-0.151*	-0.551*	0.235	长江中游	-0.141	-0.556	0.867**
辽中南	-0.117***	-0.779***	0.678***	珠三角	-0.074	-0.266	0.732***
哈长	-0.092***	-0.847***	0.324**	北部湾	-0.032**	-0.344***	0.642***
长三角	-0.064	-0.502	0.603**	成渝	-0.127*	-0.768**	0.557***

表5-12 九大城市群保险密度的条件β收敛模型估计结果

变量	总体		京津冀		辽中南		哈长		长三角	
	OLS	SLM	OLS	SLM	OLS	SLM	OLS	SLM	OLS	SLM
lnID	-0.225**	-0.567***	-0.404***	-0.577***	-0.525*	-0.874***	-0.351**	-0.867***	-0.197***	-0.491***
Agglt	0.014*	0.031**	0.041*	0.077*	0.149	0.110	0.129**	0.064*	0.144***	0.070**
Fin	0.020***	0.003	0.027	0.078	0.073***	0.109***	0.004	0.007	0.003	0.001
lnpcgdp	0.125***	0.087*	0.228***	0.476**	0.388***	0.621***	0.316***	0.096**	0.112***	0.218*
收敛速度	0.111	0.364	0.225	0.374	0.323	0.900	0.188	0.876	0.095	0.293
ρ	—	0.857***	—	0.065*	—	0.563***	—	0.323**	—	0.483***
R^2	0.167	0.505	0.239	0.357	0.391	0.746	0.208	0.489	0.155	0.391

表5-13　九大城市群保险密度的条件β收敛模型估计结果

变量	中原		长江中游		珠三角		北部湾		成渝	
	OLS	SLM	OLS	SLM	OLS	SLM	OLS	SLM	OLS	SLM
lnID	-0.348**	-0.631***	-0.336***	-0.562***	-0.193***	-0.278***	-0.147***	-0.357***	-0.351***	-0.782***
Agglt	0.071*	0.092*	0.186***	0.032**	-0.073	-0.097	0.081	0.112	0.042	0.014
Fin	0.019**	0.005	0.021	0.012	0.029*	0.018**	0.004	0.021*	0.025*	0.049**
lnGDPPC	0.269***	0.241***	0.233***	0.229*	0.142***	0.009	0.143***	0.245**	0.269***	0.108**
收敛速度	0.186	0.433	0.178	0.359	0.093	0.141	0.069	0.192	0.188	0.662
ρ	—	0.684***	—	0.848***	—	0.717***	—	0.605***	—	0.527***
R^2	0.219	0.479	0.216	0.701	0.288	0.613	0.112	0.535	0.262	0.518

南、珠三角、北部湾和成渝城市群相应模型中显著大于零。这说明各城市群保险密度收敛的驱动因素有所差异，相关保险实践政策的制定还需区别对待。

此外，当融入空间效应后，与普通面板回归模型相比，各空间滞后模型 β 收敛系数的绝对值大小和显著性均有明显提高，这意味着由于空间溢出效应存在，九大城市群的保险密度收敛速度[1]明显加快，收敛周期得到缩短。从总体角度来看，在未考虑空间效应时，总体保险密度的收敛速度为0.111，当融入空间效应后，总体保险密度的收敛速度为0.364。从区位角度来看，城市群间保险密度收敛速度差异明显，收敛速度从大到小依次为辽中南、哈长、成渝、中原、京津冀、长江中游、长三角、北部湾、珠三角。辽中南城市群保险密度收敛速度最大，达到0.9，其次为哈长城市群的0.876，而珠三角城市群保险密度收敛速度最小，其值为0.141，说明空间相关性或集聚性有利于保险密度的收敛，区域协同效应更加明显。

表5-14、表5-15和表5-16分别报告了保险深度的绝对 β 收敛模型和条件 β 收敛模型估计结果。从表中可以看出，不论是绝对 β 收敛模型，还是条件 β 收敛模型，各模型的空间系数 ρ 均大于零，且通过1%的显著性水平检验，说明九大城市群保险深度发展存在正向空间相关性。表5-14中的空间滞后模型（SLM）结果表明，总体及九大城市群的 β 收敛系数均显著小于零，这说明保险深度不仅存在总体范围内的绝对 β 收敛，而且存在九大城市群的绝对 β 收敛。

[1] 收敛速度 $= -\ln(1+\beta)/T$。

表 5－14　九大城市群保险深度的绝对 β 收敛模型估计结果

城市群	OLS	SLM		城市群	OLS	SLM	
	β	β	ρ		β	β	ρ
总体	−0.130***	−0.471***	0.892***	中原	−0.205***	−0.538***	0.732***
京津冀	−0.239***	−0.709***	0.448***	长江中游	−0.204***	−0.561***	0.712***
辽中南	−0.330**	−0.607***	0.766***	珠三角	−0.151***	−0.276***	0.707***
哈长	−0.120***	−0.500***	0.715***	北部湾	−0.022	−0.412***	0.606***
长三角	−0.063	−0.381***	0.771***	成渝	−0.341***	−0.846***	0.649***

表 5－15　九大城市群保险深度的条件 β 收敛模型估计结果

变量	总体		京津冀		辽中南		哈长		长三角	
	OLS	SLM	OLS	SLM	OLS	SLM	OLS	SLM	OLS	SLM
lnIP	－0. 161***	－0. 501***	－0. 370***	－0. 715***	－0. 367***	－0. 862***	－0. 220***	－0. 629***	－0. 197***	－0. 504***
Agglt	0. 037***	0. 104***	0. 155*	0. 173**	0. 031	0. 063	0. 141***	0. 045*	0. 136**	0. 070
Fin	0. 008*	0. 004	0. 007	0. 026	0. 026	0. 117***	－0. 002	－0. 007	0. 003*	0. 017**
lnpcgdp	0. 021***	0. 132**	0. 046*	0. 021*	0. 004*	0. 034**	0. 059*	0. 674***	0. 019	0. 233***
收敛速度	0. 076	0. 302	0. 201	0. 545	0. 199	0. 860	0. 108	0. 431	0. 095	0. 305
ρ	—	0. 853***	—	0. 311**	—	0. 709***	—	0. 739***	—	0. 697***
R^2	0. 101	0. 526	0. 196	0. 448	0. 183	0. 804	0. 146	0. 692	0. 107	0. 582

表5-16　九大城市群保险深度的条件β收敛模型估计结果

变量	中原		长江中游		珠三角		北部湾		成渝	
	OLS	SLM	OLS	SLM	OLS	SLM	OLS	SLM	OLS	SLM
lnIP	-0.273***	-0.590***	-0.289***	-0.596***	-0.225***	-0.299***	-0.100*	-0.471***	-0.372***	-0.870***
Agglt	0.099***	0.166**	0.164***	0.227**	0.032	0.059	0.087	0.182**	0.085	0.273**
Fin	0.014**	0.014*	0.010	0.048	0.012*	0.009*	0.020**	0.032*	0.015	0.009
lnpcgdp	0.021	0.123	0.028**	0.170**	0.046***	0.014***	0.053*	0.215*	0.029**	0.038**
收敛速度	0.138	0.387	0.148	0.394	0.111	0.154	0.046	0.277	0.202	0.886
ρ	—	0.650***	—	0.597***	—	0.676***	—	0.404***	—	0.590***
R^2	0.204	0.535	0.174	0.520	0.229	0.547	0.055	0.578	0.268	0.598

从表5-15和表5-16可以看出，在考虑控制变量后，不论是普通面板回归模型，还是空间滞后模型，其β收敛系数均小于零，且通过1%显著性水平检验，说明九大城市群保险深度的增长速度与其初始水平呈负相关，具有条件β收敛特征。与普通面板回归模型相比，各空间滞后模型的拟合优度（R^2）均有明显提高。其中，变量第三产业集聚程度（Agglt）系数在总体、京津冀、哈长、中原、长江中游、北部湾和成渝城市群相对应模型中显著大于零，在其余城市群中并不显著。变量金融发展水平（Fin）系数仅在辽中南、长三角、中原、珠三角以及北部湾城市群相对应模型中显著大于零。变量人均GDP（pcgdp）系数除在中原城市群不显著外，其在其他城市群中均显著大于零。

当融入空间效应后，与绝对β收敛模型和普通面板模型相比，各空间滞后模型中β收敛系数的绝对值大小均有明显提高，说明空间溢出效应对保险深度收敛产生积极影响，使其收敛速度得到进一步提高。从总体角度来看，在未考虑空间效应时，总体保险深度的收敛速度为0.076，当融入空间效应后，其收敛速度为0.302。从区位角度来看，收敛速度从大到小依次为成渝、辽中南、京津冀、哈长、长江中游、中原、长三角、北部湾、珠三角城市群。成渝城市群保险深度收敛速度最大，达到0.886，辽中南和京津冀城市群分列第二、三位，其值分别为0.860和0.545，而珠三角城市群保险密度收敛速度最小，其值为0.154，不同城市群的保险深度收敛速度存在明显差异。

第6章　我国保险业空间集聚演进动因分析：以九大城市群为例

第5章的研究结果表明，我国保险业和九大城市群保险业发展在地理空间分布上具有正向空间相关性，各城市群保险业的空间集聚表现出不同演变趋势，而空间集聚主要受哪些因素驱动？存在怎样的空间关联？如何通过调整保险业发展策略来提升城市群保险业集聚的溢出效应？深入研究上述问题对揭示我国保险业空间集聚的客观规律、优化保险业发展的空间布局以及实现区域金融协同发展具有重要现实意义。

6.1　模型设定形式

空间计量经济学研究区域科学领域中由空间引起的各种特性的一系列方法（Anselin，1988）[141]，为检验各城市群保险业集聚的空间溢出效应，考虑邻近城市保险业集聚程度与空间滞后解释变量的影响，构建空间杜宾模型（Elhorst，2014）如公式（6.1）所示：

$$y_t = \rho w y_t + \alpha \iota_N + x_t \beta_1 + w x_t \beta_2 + \mu_t \qquad (6.1)$$

其中，y_t 表示被解释变量，即各城市保险业集聚指数，x_t 表示解释变量集合，包括核心解释变量和控制变量。为 $N \times K$ 矩阵，t_N 为 $N \times 1$ 单位向量，α 为常数项参数，μ_t 为模型误差项，ρ 表示空间滞后系数。β_1、β_2 分别为解释变量 x_t 和空间滞后变量 wx_t 的系数。

选择空间权重矩阵是建立空间计量模型面临的重要问题，一般而言，空间相关涉及不同区域数据间缺乏独立性的情形，即变量存在空间上的联系。最简单的方法是运用空间邻接矩阵。邻接关系定义主要包括空间单元共用一个顶点、空间单元共用一条边以及反距离关系、K 阶相邻关系等。但邻接权重矩阵对区域结构的变化并不敏感，而空间距离权重矩阵在一定程度上反映出空间溢出的衰减特征，即这一联系随着距离的增加而衰减。而“距离”不仅包括地理距离，它还涉及广义距离，如“经济距离”“人力资本距离”“政策距离”等。有国内外学者提出对于特定问题，空间地理权重矩阵不能完全反映出区域或城市间的相互作用，经济变量和社会因素等有可能成为空间溢出的主要因素。例如学者林光平等（2005）、Beck 等（2006）和李婧（2010）等用非空间因素构建空间权重矩阵（经济权重矩阵、社会权重矩阵等），包括采用区域贸易流量、经济总量、人力资本等指标来定义空间权重矩阵，对于非空间概念定义的空间权重矩阵，这类方法在国内迅速发展，国内相关文献使用非空间概念权重矩阵的频率比国外要高很多。对于非空间概念定义的空间权重矩阵，也有学者认为非空间因素（经济状态等）将随时间变动而产生变化，用它来构造“空间关系”并不合适。LeSage（2014）、LeSage 和

Pace（2014）指出，对于空间权重矩阵的设定问题，为使所建立的空间模型估计具有稳健性，需要遵循以下原则：（1）稀疏的邻接矩阵最为有效；（2）应尽量避免在同一个模型中出现多种空间权重矩阵；（3）衰减参数的识别；（4）对空间溢出效应的干扰陷阱。

本书主要采用空间地理距离权重矩阵来检验空间相关性，分析其中可能存在的空间溢出效应。其中，W_1 表示空间邻接权重矩阵（空间二进制矩阵），W_2 表示空间地理距离权重矩阵，考虑了城市间或地区间地理距离接近但互不相邻可能存在的相互作用关系。它以区域间距离倒数作为衡量权重，各地区或地级市之间的地理距离以其中心经纬度坐标进行衡量，经纬度坐标取自国家基础地理信息系统。

6.2　保险业空间集聚的主要影响因素与模型变量选取

6.2.1　保险业空间集聚的主要影响因素

（1）信息因素（空间交易成本）

根据 3.4 小节中的分析，金融地理学认为“信息腹地”或“信息中心”是金融产业集聚形成的内在动因（Zhao，2003），Porteous（1995）进一步将金融信息划分为标准化信息（编码知识）和非标准化信息（默示知识）。作为保险活动重要组成部分，保险信息又可以分为保险标准化信息和保险非标准化信息。保险标准化信息在收集、传递和处理等过程中所产生的成本易受信息技术水平影响。而保险非标准化信息是指无法或难以对投保人、受益人以及标的物等进行标准化或编码处理的信息，这类保险业务需通过谈判或面对面交流才能完成，其保险交易成本与地理距离存在密切关系。此外，保险信息腹地往往处于市场信息和监管信息集聚地，这是保险业对高层级信息追逐的本能反应和体现。

从保险产业内涵来看，保险公司提供的无形产品与服务具有高度信息化特征，保险公司直保、分保、再保以及经纪业务等保险产品的交易大多采用电话、网络等信息化技术手段，这一过程会涉及保险信息的形成、收集、存储、加工以及传递等方面，而保险信息在不同保险机构、总分机构以及经纪机构间的传递和处理要依靠信息传递媒介等来完成。信息技术水平对保险信息传递、产品交易等活动起到重要作用，城市间信息基础设施的协同发展，有效促进了地区或城市间保险信息的共享和传递，推动了城市保险业空间集聚发展。

（2）规模经济因素

追求规模经济是保险业空间集聚的内在驱动力量，其主要包括保险机构规模经济和行业规模经济。保险机构规模经济主要来源于公司产品创新、经营规模扩大等方面。一方面，保险公司通过优化险种业务结构和创新产品技术实现在运营、销售等环节产生协同效应，降低保险产品开发和运营成本，获得保险产品规模经济。另一方面，保险公司通过收购、兼并以及增资扩股等方式扩大保险资本规模，设立分支机构，特定区域内保险机构数量集中或空间接近将会产生资源共享效应，提高保险服务效率，形成品牌效应和专业化优势，获得保险机构规模经济，推动保险业集聚发展。

保险行业规模经济通过作用于保险产业本身来促进保险业集聚形成，保险行业规模经济与地区金融产业发展水平存在密切关系。地区间金融产业发展水平差异使得金融产业集聚状态呈“中心—外围”形式（Commendatore等，2013）。Beck和Webb（2003）等认为，金融产业发展水平或银行业发展水平与保险业发展存在显著正相关关系。保险机构可以通过加强与其他金融机构间的合作（如银保合作、证保合作等），共享辅助性产业，或形成产业融合（互联网保险、科技保险等），增加地区保险需求，产生外部规模经济，推动保险业空间集聚发展。

（3）本地市场因素

本地保险市场需求和本地保险市场发展程度是保险产业空间集聚的支撑原因。一方面，城市消费者保险购买力和保险意识越强，本地保险市场需求越高，相应的保险支出也就相对较多。消费者收入水平是影响保险需求和保险支出的重要因素，消费者收入水平越高，其保险消费需求就越高，本地保险市场需求增加将会引致更多的保险资本投入，促使相关保险资源向保险需求较高地区或城市聚集。另一方面，保险市场发展程度影响着保险产业资源的空间调整速度，地区间保险市场发展程度的差异造成地区间保险资本收益率和市场需求不同，促使保险资本在区域之间发生流动，表现为保险资本规模扩张、新保险机构成立以及跨区域保险交易趋于频繁，进而带来相关要素的跨区域或跨部门流动，从而推动保险业空间集聚发展。

（4）政府因素

地方政府政策或制度安排对保险业空间集聚产生重要影响。政府或监管部门通过承诺、立法以及倾斜性税收政策等手段形成政策洼地效应，吸引保险类金融要素资源聚集，加快保险业与其他产业的跨界融合。如中国保监会出台的《保险公司跨京津冀区域经营备案管理试点办法》、北京市人民政府、中国保监会出台的《关于加快推动北京保险产业园创新发展的意见》、天津市滨海新区人民政府、天津市金融工作局、中国保监会天津监管局出台的《关于推动天津空港经济区保险产业园创新发展的实施意见》等政策。在先行先试政策支持下，北京保险产业园成为全国保险改革创新试验田，天津市设立空港保险产业园，实现其与高端装备制造、航空运输、生物医药与健康等优势产业对接。保险产业科技园、保险创新综合试验区等区域综合体的形成体现出地方政府区域保险业发展规划和投资取向，政府通过完善产业引导政策和市场监管机制，激励保险机构进入集聚区，政府政策扶持加速了城市保险业空间集聚进程。

6.2.2 模型变量选取

结合前文的分析，在信息因素（空间交易成本）方面，保险交易活动高度依赖于保险信息，选取信息基础设施指数作为衡量城市保险信息水平的指标，对于信息基础设施水平，有学者采用邮电服务业务总量、互联网普及率以及电话普及率等指标来衡量信息基础设施（Demurger，2001；Fan 和 Zhang，2004）。从邮政业务、电信业务以及互联网业务等角度综合考虑城市信息基础设施水平（x_1），考虑到相关数据可获得性，选取人均电信业务收入、人均邮政业务收入、人均固定电话年末用户数、人均移动电话年末用户总数、人均互联网宽带用户数指标作为原始变量，并采用主成分分析法测度信息基础设施指数❶。

在规模经济因素方面，追求规模经济是保险业空间集聚的内在动因，它主要包括保险机构规模经济和行业规模经济。结合前文的分析，选择保险公司机构数量（x_2）和城市金融产业发展水平（x_3）指标分别作为保险机构规模经济和行业规模经济的衡量指标。其中，采用城市存贷款总额占GDP比重来衡量城市金融产业发展程度。

在本地市场因素方面，选取人均GDP（x_4）和保险市场发展程度（x_5）作为衡量指标，人均GDP体现了地区居民收入情况，反映了城市保险市场需求，并对数值进行处理。城市保险市场发展程度越高，其保险资源要素就越丰富，采用各城市保费收入占GDP比重来衡量各城市保险市场发展程度。

在政府参与因素方面，政府制度安排对保险业空间集聚发展的影响更多体现在政府政策对经济活动的参与程度。选取政府支出（扣除教育科研支出的部分）占GDP比重（x_6）来衡量政府对经济活动的参与程度。

控制变量包括外商直接投资和第三产业集聚程度。对于外商直接投资（FDI）（x_7），采用各城市实际外商投资

---

❶ 在主成分总方差分解中，前两个主成分累计贡献度达到84.72%，故提取前两个主成分计算信息基础设施指数。

额占固定资产投资额比重来表征城市经济活动开放程度，开放程度相对较高的城市往往更容易吸引保险资源集聚，实际外商投资额按人民币汇率年平均价格换算。对于第三产业集聚程度（x_8），以各城市第三产业增加值占该城市GDP的比重除以全国第三产业增加值占全国GDP的比重计算。第三产业集聚能够有效促进保险资金、人才等要素流动，推动保险业集聚发展。

6.3 我国保险业空间集聚的溢出效应分析

前一章表明城市保险业集聚发展存在空间正相关性，而这种空间相关性特征对各城市群保险业空间集聚产生了怎样的溢出效应？下文将采用空间杜宾面板模型进行分析。

6.3.1 空间相关性检验和模型选择检验

建立空间计量模型前需进行空间相关性检验和模型选择检验。首先采用（稳健）LM 检验判断是否存在空间相关性。其次，运用 LR 检验或者 Wald 检验形式[1]，判断空间 Durbin 模型是否可以转换为空间滞后模型或者空间误差模型（Lesage 和 Pace，2009）。若检验结果均拒绝原假设，则应选择空间杜宾模型，否则，应选择空间滞后模型或者空间误差模型，结果如表 6－1 示。

[1] 检验相对应原假设分别为 $H_0: \theta = 0$ 和 $H_0: \theta + \delta\beta = 0$，前者检验能否转化为空间滞后模型，后者检验能否转化为空间误差模型。

表6-1　相关检验结果

城市群	空间相关性检验				模型选择检验				豪斯曼值
	LM - Lag	RLM - Lag	LM - Error	RLM - Error	Wald - Lag	LR - Lag	Wald - Error	LR - Error	
总体	371.76***	95.71***	516.61***	240.56***	22.32***	26.88***	38.91***	46.26***	92.90
京津冀	9.83***	6.60**	6.52**	3.55*	14.69*	14.34*	21.22**	13.61*	30.82
辽中南	371.76***	95.72**	516.61***	240.51***	22.32***	26.89***	38.91***	46.26***	92.05
哈长	27.61***	6.58**	75.90***	50.66***	30.93***	28.82***	31.40***	28.29***	34.77
长三角	19.35***	3.41*	35.49***	19.55***	27.37***	32.23***	28.95***	32.76***	71.15
中原	12.09***	2.15	40.01***	30.07***	27.22***	6.54	16.99**	4.93	41.83
长江中游	102.53***	43.36***	59.38***	21.40***	83.49***	93.34***	96.89***	98.86***	26.87
珠三角	31.94***	20.68***	13.21***	1.95	211.10***	107.01***	186.49***	104.85***	43.44
北部湾	15.89***	13.99***	4.73**	2.83*	26.17***	25.54***	23.99**	22.90***	61.88
成渝	11.08***	3.71**	12.23***	4.85***	25.42**	28.60***	25.55**	28.35***	32.92

注释：表中“*”“**”和“***”分别表示10%、5%和1%的显著性水平，下同。

表6-1中，总体 LM-Lag 和 RLM-Lag 值分别为371.76和95.71，LM-Error 和 Robust LM-Error 值分别为516.61和240.56，对应 P 值均小于0.01，故均拒绝原假设。另外，除中原城市群外，其余城市群中 LM-Lag 和 RLM-Lag、LM-Error 和 RLM-Error 均通过显著性水平检验，说明建立计量模型时将空间因素考虑在内，这与前文 Moran's I 检验结论相吻合。总体 Wald-Lag 值和 LR-Lag 值分别为22.32和26.88，Wald-Error 值和 LR-Error 值分别为38.91和46.26，且显著不为零，即空间杜宾模型不能简化为空间滞后模型和空间误差模型。除了中原城市群中的 LR-Lag 值和 LR-Error 值不显著外，其余城市群中 Wald-Lag 值、LR-Lag 值、Wald-Error 值以及 LR-Error 值均通过了5%或10%显著性检验，这说明空间 Durbin 模型更适合本问题的研究。此外，表6-1中最后一列为 Hausman 值，各模型 Hausman 值相对应 P 值均小于0.025，故将以空间杜宾固定效应模型估计结果为主。

6.3.2 空间溢出效应分析

根据公式（6.1）构建空间杜宾固定效应模型，在实际操作过程中将城市按照政府行政层级进行区分，以考察政府行政层级不同所产生的作用差异。估计结果如表6-2和6-3所示，模型（1）为剔除直辖市、副省级城市以及省会城市样本的估计结果，模型（2）为全部城市样本的估计结果。

表6-2　空间杜宾固定效应模型估计结果

变量	总体		京津冀城市群		辽中南城市群		哈长城市群		长三角城市群	
	(1)	(2)	(1)	(2)	(1)	(2)	(1)	(2)	(1)	(2)
ρ	0.71***	0.86***	0.56***	0.63**	0.61***	0.81***	0.56**	0.58***	0.44***	0.76**
x_1	0.37***	0.42***	0.12**	0.23**	0.32***	0.43*	0.25**	0.28**	0.35***	0.30***
x_2	1.67***	1.83***	2.56**	2.78**	0.76**	0.83***	0.94	1.67**	0.46**	0.82***
x_3	0.10**	0.12**	0.56***	0.18***	0.31**	0.10***	0.04**	0.05**	0.07	0.43***
x_4	1.34***	1.29***	0.93	1.04	1.82**	1.95***	0.25	0.76	0.36*	0.69**
x_5	0.44**	0.34**	0.26*	0.30*	0.93**	0.34	1.26***	0.87***	1.88***	1.84***
x_6	-0.06	-1.14	0.39*	0.97*	-1.79	-1.14***	0.06**	0.57*	-1.89***	-1.24***
x_7	0.22	0.23	1.03	-1.69	1.52	0.23	1.92	1.48	-0.41	-0.55
x_8	0.10**	0.11**	0.17	0.20	0.07	-0.01	0.20	0.49	0.17**	0.21*
wx_1	0.48**	0.77***	0.69**	0.94***	0.32	0.48***	0.46**	0.61**	0.24*	0.28*

续表

变量	总体		京津冀城市群		辽中南城市群		哈长城市群		长三角城市群	
	（1）	（2）	（1）	（2）	（1）	（2）	（1）	（2）	（1）	（2）
wx_2	1.05**	1.95***	2.57***	2.38**	0.49	0.45	1.02	1.11	0.10*	0.08*
wx_3	0.34*	0.31*	0.63**	0.68***	0.07	0.31	-0.10	-0.17	1.53**	1.03**
wx_4	0.54	1.36	-1.71	5.17	1.43	1.36	1.96	1.30	0.68**	0.28
wx_5	1.81**	2.11***	1.55**	1.90*	1.04	1.11	2.06	1.64	3.75**	2.69**
wx_6	-0.23	-0.48	1.64**	1.99**	0.24	0.48	1.13**	1.44***	0.67	0.91
wx_7	3.96	3.53	-1.51	-1.14	3.31	3.53	2.77	2.08	-1.60	-1.18
wx_8	1.06	0.95	2.12	2.14	0.91	0.95	0.21	0.28	0.32	1.35

表6-3　空间杜宾固定效应模型估计结果

变量	中原城市群		长江中游城市群		珠三角城市群		北部湾城市群		成渝城市群	
	(1)	(2)	(1)	(2)	(1)	(2)	(1)	(2)	(1)	(2)
P	0.17	0.26**	0.08*	0.15***	0.28	0.65***	0.53**	0.61***	0.40*	0.58**
x_1	0.22*	0.21***	0.31	0.39***	0.20	0.23***	0.68*	0.74***	0.13***	0.39***
x_2	1.14**	1.13**	2.80***	2.83***	1.37***	1.65***	1.29	1.24	1.35***	1.43***
x_3	0.05*	0.05*	0.25**	0.31***	0.39***	0.12**	0.01	0.05	0.01	0.18
x_4	0.82	0.40	0.47**	0.42*	0.44	0.22	0.58**	1.00**	0.21	0.27
x_5	2.07***	1.89***	1.75***	1.72***	1.12***	1.49***	0.15***	0.12***	0.60***	0.69***
x_6	-1.98**	-3.11***	-1.49*	-2.09***	-1.67***	-1.64***	1.80	1.04	0.46***	0.65**
x_7	1.46*	1.24	0.35	0.40	-0.75	-0.15	1.49	1.62*	0.53	0.60**
x_8	0.24**	0.32***	0.26***	0.20**	0.15***	0.10*	0.23***	0.33*	0.20	0.19
wx_1	0.87	0.46	0.33	0.11***	0.16	0.60***	0.82	0.87***	0.61**	0.83***

续表

变量	中原城市群		长江中游城市群		珠三角城市群		北部湾城市群		成渝城市群	
	(1)	(2)	(1)	(2)	(1)	(2)	(1)	(2)	(1)	(2)
wx_2	3.78	3.73**	0.96***	0.92***	1.63***	1.38***	-1.50	0.21	1.08***	1.27***
wx_3	0.14*	0.12*	1.12	0.71	2.33***	2.51***	0.62	0.99	-0.82	-0.16
wx_4	2.73	0.85	2.27	3.44	-1.10	-0.89	0.41	0.34	-0.61	-0.46
wx_5	1.62	1.54	1.86***	1.16***	3.53***	4.12***	2.48*	3.45**	2.04***	2.21***
wx_6	1.16	0.81	0.96	0.14	-2.97**	-2.94**	0.95	0.25	1.91**	1.13**
wx_7	1.10	0.26	0.53	-1.29	-1.52	-1.31	-1.12*	-1.34	5.02	5.71
wx_8	0.56	0.13	1.12	1.14	1.51	1.43	-1.08	-1.53	1.12	1.21

由表 6－2 和表 6－3 可知，空间滞后系数 ρ 除在中原和珠三角城市群模型（1）中未通过检验外，其余模型中均显著大于零，说明邻近城市间保险业空间集聚过程存在显著溢出效应。此外，在总体和各城市群模型中，模型（2）中的空间滞后系数 ρ 值要明显大于模型（1）中的相应值，说明将直辖市、副省级城市以及省会城市纳入模型中时，城市间保险业集聚的空间关联性明显增强，行政层级较高城市使得保险业集聚溢出效应更明显。一方面，核心城市通过延伸保险服务网络、增设保险分支机构以及增加保险投资等途径带动周边城市保险业集聚发展；另一方面，行政层级较高城市聚集了大量保险公司总部或省级分公司，其外向辐射功能较强，使得保险资源信息知识从高行政级别城市向周边城市或低行政级别城市传递。

对于信息因素（x_1），其回归系数在总体和九大城市群模型（1）（2）中均大于零，除在长江中游和珠三角城市群模型（1）外，变量 x_1 回归系数在其他模型中均通过显著性水平检验，说明信息基础设施水平能够提高本地区保险业集聚程度。空间滞后系数（wx_1）在总体模型（1）和（2）中分别为 0.48 和 0.77，且显著大于零。wx_1 系数在京津冀、哈长、长三角以及成渝城市群模型（1）和（2）均显著大于零，在辽中南、长江中游、珠三角以及北部湾城市群模型（2）中显著大于零，这表示信息基础设施对其邻近地区保险业集聚发展具有促进作用，城市间距离的接近有利于信息基础设施正向作用的溢出，此外，特别是在辽中南、长江中游、珠三角以及北部湾城市群中，模型（2）中 wx_1 系数及其显著性均明显高于模型（1）对应值。这代表城市行政层级的提高能够增强空间溢出效应，究其原因，各大城市群基本以直辖市、副省级城市或省会城市为核心，实施“核心带动、协同发展”策略，产生信息空间网络外部性，为城市金融配套服务的完善和信息知识的溢出提供了条件。此外，保险要素偏好集聚在行政层级较高城市，其所产生的信息能量和信息溢出性就相对较强。

对于规模经济因素，变量（ x_2 ）回归系数在总体模型（1）（2）均显著大于零。除哈长、北部湾城市群外，变量 x_2 回归系数在其余城市群中均显著大于零，说明保险机构规模经济降低了保险产品开发运营成本和交易费用，推动了本地区保险业集聚发展。空间系数（ wx_2 ）在总体、京津冀、长三角、中原、长江中游、珠三角以及成渝城市群模型（1）和（2）中均显著大于零，空间溢出效应明显，说明城市间地理距离的接近有利于城市保险资源要素的共享和配置，产生协同效应和共享效应。变量 x_3 回归系数在总体模型（1）和(2）中均显著大于零。除北部湾、成渝城市群外，变量 x_3 回归系数在其余城市群中均显著大于零，说明城市金融发展水平有利于本地区保险业集聚发展。空间系数（ wx_3 ）在总体、京津冀、长三角、中原和珠三角城市群模型（1）和（2）中均显著大于零，空间溢出效应明显，说明随着金融产业发展程度不断提高，其外部规模经济效应有利于保险业跨城市或跨行业合作，推动保险业集聚发展。

对于本地市场因素，变量 x_4 回归系数在总体、辽中南、长三角、长江中游、北部湾城市群模型（1）和（2）中均显著大于零，在京津冀、哈长、中原、珠三角和成渝城市群中并不显著，总体来看，人均收入越高，其对保险服务需求就越大，也就越有利于本地区保险业集聚发展。而空间系数（ wx_4 ）在绝大多数模型中并不显著。变量 x_5 回归系数在总体、各城市群模型中均显著大于零，说明保险市场发展程度的提高有利于本地区保险资源集聚。此外，空间系数（ wx_5 ）在总体、京津冀、长三角、长江中游、珠三角、北部湾以及成渝城市群模型中均显著大于零，空间溢出效应明显。

对于政府参与（ x_6 ）因素，其回归系数在总体模型（1）和（2）中均小于零，但并不显著。在京津冀、哈长以及成渝城市群模型（1）和（2）中均显著大于零，说明在京津冀、哈长以及成渝城市群中，政府参与政策有利于其城市保险业集聚程度提高。而在辽中南、长三角、中原、长江中游和珠三角城市群模型（2）中均显著小于零，说明在以上城市群中，政府参与并不利于其城市保险业集聚发展。空间系数（ wx_6 ）在京津冀、哈长以及成渝城市群模型（1）和（2）中均显著大于零，说明在这些城市群中相关保险政策安排增强了其核心城市保险服务的溢出效应。wx_6 空间系数仅在珠三角城市群模型（1）和（2）中均显著小于零，说明政府参与对其邻域城市产生显著负向溢出作用，不利于周边城市保险业集聚发展。

对于控制变量，变量 x_7 回归系数及其空间系数（ wx_7 ）在大部分模型中均大于零但并不显著，说明当前外商直接投资对城市保险业集聚发展的影响并不明显。变量 x_8 回归系数在总体、长三角、中原、长江中游、珠三角以及北部湾城市群模型（1）和（2）中均显著大于零，而空间系数

（ wx_8 ）在总体以及九大城市群中均不显著，说明第三产业集聚水平的提升虽能够促进本地区保险业集聚发展，但其空间效应并不明显。

6.4 我国保险业空间集聚的辐射效应测度——基于威尔逊模型

由于各地区经济发展水平存在差异，地区间保险资源的地理分布不均衡。在20世纪七八十年代，地理学家威尔逊提出了“威尔逊最大熵原理”，用它来衡量城市之间、区域之间的相互作用强度。经过国内外学者们改造和发展，威尔逊模型已成为研究区域空间分析方法的基础。威尔逊认为，两个区域或城市间因资源发生流动而产生相互作用，其与地理距离、区域规模和资源联通性等方面存在很大关系。

基于威尔逊模型，建立保险业集聚的辐射效应测度模型，如公式（6.2）所示：

$$T_{jk} = KO_jD_k\exp(-\beta r_{jk}) \tag{6.2}$$

其中，T_{jk} 表示区域 j 对区域 k 的保险资源的辐射能力或吸引到的资源总量。O_j 表示区域 j 的保险资源强度，D_k 表示区域 k 的保险资源总量，r_{jk} 表示区域 j 和区域 k 之间的距离，β 表示衰减因子，它决定了区域之间或城市之间影响力，β 值越小，表示衰减速度越慢，β 值越大，表示衰减速度越快，K 为归一化因子，与大多数文献中保持一致，归一化因子 $K=1$ 。

通过公式（6.2）可知，城市或区域间保险业集聚辐射能力的主要影响因素为地理距离 r_{jk} 和衰减因子 β 。王铮等（2002）认为衰减因子 β 受城市间资源流动的自由程度和域元大小的影响。T 越大表明衰减速度越快，β 值也就越大。域元越大，β 值越小。

借鉴王铮等（2002）的研究，将威尔逊模型简化为：

$$\theta = D_k \exp(-\beta r_{jk}) \tag{6.3}$$

公式（6.3）表明城市间保险资源的吸引（辐射）强度随着距离增大而衰减的原理。当某一城市或区域的保险业集聚水平衰减到给定的阈值 θ 时，则可认为该城市对其相对应范围以外的城市或区域没有吸引或辐射作用。

将公式（6.3）变形可以得到公式（6.4）和公式（6.5）：

$$r = \frac{1}{\beta}\ln\frac{D_k}{\theta} \tag{6.4}$$

$$\beta = \sqrt{\frac{2T}{t_{max}D}} \tag{6.5}$$

其中，r 表示辐射半径，在给定 θ 的条件下，只要知道 D_k 值和 β 值，就可以通过上式求出一个区域或城市保险业集聚的辐射范围（辐射半径）。阈值 θ 一般选择综合因子为最小正值所对应的数量级，结合 2015 年各城市群城市的保险业集聚水平高低，将阈值 θ 设定为 0.1，当城市的保险业集聚能量衰减到 0.1 时，认为中心城市的保险辐射力到达了边界。D 表示相互作用域的域元，即城市或区域的面积。T 表示域元内传递因子的平均个数，t_{max} 表示在域元内具有扩散或辐射功能的最大元素数目，结合保险资源集聚发展特点，选择各城市群中省会城市及直辖市。D_k 表示各城市保险业集聚水平，代表城市保险资源强度。

使用改进后的威尔逊模型对中国九大城市群保险业集聚的辐射效应进行分析，计算九大城市群的衰减因子 β 值，计算结果如表 6 - 4 所示。根据各城市群中的衰减因子 β 值，利用公式（6.4）分别计算各城市群中核心城市保险业集聚的辐射半径，测算结果如表 6 - 5 所示。

表 6 - 4　九大城市群衰减因子的测算值

城市群	D_k /万平方千米	T	t_{max}	β
京津冀	22.08	10	3	0.0055
辽中南	9.71	9	2	0.0096
哈长	26.4	10	2	0.0062
长三角	21.17	26	4	0.0078
中原	28.7	29	1	0.0142
长江中游	31.7	28	3	0.0077
珠三角	11.09	14	2	0.0112
北部湾	11.66	10	1	0.0131
成渝	18.5	16	2	0.0093

表 6 - 5　九大城市群核心城市保险业集聚的辐射半径

中心城市	辐射半径/千米	中心城市	辐射半径/千米
北京	835.1	上海市	543.0
天津	602.6	郑州市	252.8
石家庄	301.2	武汉市	401.2
沈阳市	333.8	南昌市	332.0
大连市	330.9	长沙市	301.9
长春市	398.4	广州市	355.1
哈尔滨市	500.6	深圳市	355.3
南京市	458.7	南宁市	194.7
杭州市	453.5	成都市	450.6
合肥市	283.4	重庆市	342.9

从表 6－5 中可以看出，各中心城市保险业集聚的辐射半径超过 450 千米的城市有北京、天津、哈尔滨、南京、杭州、上海和成都，说明这些城市保险业集聚的辐射效应明显，其在各城市群中起到了明显带头作用，为保险资源的流通和共享提供了较好的平台。

在京津冀城市群中，北京、天津和石家庄的保险业集聚的辐射半径分别为 835.1 千米、602.6 千米和 301.2 千米。在辽中南城市群中，沈阳和大连保险业集聚的辐射半径分别为 333.8 千米和 330.9 千米。在哈长城市群中，长春和哈尔滨保险业集聚的辐射半径分别为 398.4 千米和 500.6 千米。在长三角城市群中，上海市保险业集聚的辐射能力最强，其辐射半径达到 543 千米，南京市、杭州市和合肥市保险业集聚的辐射半径分别达到 458.7 千米、453.5 千米和 283.4 千米。在中原城市群中，郑州市保险业集聚的辐射半径为 252.8 公里。在长江中游城市群中，武汉、南昌和长沙保险业集聚的辐射半径分别达到 401.2 千米、332 千米和 301.9 千米。在珠三角城市群中，广州和深圳保险业集聚的辐射半径分别达到 355.1 千米和 355.3 千米。在北部湾城市群中，南宁保险业集聚的辐射半径为 194.7 千米，在成渝城市群中，成都和重庆保险业集聚的辐射半径分别为 450.6 千米和 342.9 千米。总体来看，核心城市保险业集聚的辐射效应带动了次级城市保险业发展，有效促使了城市间保险资源流动，协同发展效应明显。

第7章　我国保险业空间集聚对经济增长的影响分析

保险业集聚发展对我国经济增长的影响机制如何？地区间经济发展水平差异、保险市场发育程度差异等对其作用机制产生怎样的影响？本章在第6章的基础上，首先阐述保险业发展对经济增长作用的理论模型，分析保险业发展对经济增长的影响机制。其次，构建动态空间杜宾模型，考察我国保险业空间集聚的经济增长效应。

7.1　保险业发展对经济增长作用的理论模型

借鉴Wang（2010）和邵全权（2013）所建立的保险业发展对经济增长影响的理论模型，假设经济体中代表个人的消费效用函数为$u(c(t)) = \frac{c^{1-\sigma}(t)}{1-\sigma}$，此函数与经济学中的一般效用函数性质一致，$u_c > 0$，$u_{cc} < 0$，它是消费的单调递增凹函数。将经济活动部门划分为两部分——实际生产部门和保险部门，假设保险部门对实际生产部门具有外

部性，即保险部门对实际生产部门产生溢出效应，且保险部门和实际生产部门均依赖于资本投入，认为实际生产部门产出可以看作资本投入（k_R）和保险部门产出 I 的函数，保险部门可以看作资本投入（k_I）的生产函数。y 为经济体生产的商品，其相对应的资本投入为 k_R，则实际生产部门和保险部门生产函数为：$I = I(k_I) = (k - k_R)^{\beta}$；$y = f(k_R(t), I) = {k_R}^{\alpha} I^{1-\alpha}$，$k = k_I + k_R$，$0 < \alpha < 1$，$0 < \beta < 1$。

令 $k_R = \theta k$，$k_I = (1 - \theta)k$，$0 < \theta < 1$，则实际生产部门生产函数可变形为：

$$y = f(k_R(t)) = \theta^{\alpha} (1 - \theta)^{\beta(1-\alpha)} k^{\alpha+\beta(1-\alpha)} \tag{7.1}$$

该函数满足单调递增凹函数的性质要求，即 $y' > 0$，$y'' < 0$。

则资本积累的公式可变形为：

$$k(t) = \theta^{\alpha} (1 - \theta)^{\beta(1-\alpha)} k^{\alpha+\beta(1-\alpha)} - c(t) - \varepsilon k(t) - (1 - \theta)k(t) \tag{7.2}$$

从公式（7.2）中可以看出，资本积累是实际生产部门产出减去消费部分、折旧部分以及流向保险部门部分后剩余的部分。式中 ε 为资本折旧率。经济体中代表性个人将在公式（7.3）的约束下使得效用贴现值 $\int u(c(t)) e^{-\rho t} dt$ 达到最大，其中 ρ 为贴现因子。

函数形式为：

$$H = u(c(t)) + \mu[\theta^{\alpha} (1 - \theta)^{\beta(1-\alpha)} k(t)^{\alpha+\beta(1-\alpha)} - c(t) - \varepsilon k(t) - (1 - \theta)k(t)] \tag{7.3}$$

其中，μ 为汉密尔顿乘子，它可以衡量资本存量的边际值，其值可理解为资本 $k(t)$ 变动一个单位时，最优效用将会相应变动的单位数。

消费边际效用与资本存量的边际值达到相等的条件为：

$$u'(c) = c^{-\sigma} = \mu \tag{7.4}$$

长期内资本贴现值等于零的横截性条件为：

$$\lim_{t \to \infty} e^{-\rho t} \mu k(t) = 0 \tag{7.5}$$

通过以上公式可进一步得到模型的稳态与动态分析，通过将以上公式联合可分别得到消费路径和资本存量积累路径。

消费路径可表示为：

$$\frac{\dot{c}(t)}{c(t)} = \frac{1}{\sigma}\{\theta^{\alpha}(1-\theta)^{\beta(1-\alpha)}[\alpha+\beta(1-\alpha)] k(t)^{\alpha+\beta(1-\alpha)-1} - (1+\rho+\varepsilon-\theta)\} \tag{7.6}$$

资本存量积累路径可表示为：

$$\frac{k(t)}{k(t)} = \theta^{\alpha}(1-\theta)^{\beta(1-\alpha)} k(t)^{\alpha+\beta(1-\alpha)-1} - \frac{c(t)}{k(t)} - (\varepsilon+1-\theta) \tag{7.7}$$

以上两公式与横截性条件决定了最优资本存量积累路径和消费路径，即当 $k(t) = \dot{c}(t) = 0$ 时，可以求得：

$$k^{*} = \left\{\frac{1+\rho+\varepsilon-\theta}{\theta^{\alpha}(1-\theta)^{\beta(1-\alpha)}[\alpha+\beta(1-\alpha)]}\right\}^{\frac{1}{\alpha+\beta(1-\alpha)}} \tag{7.8}$$

$$c^{*} = \left[\frac{1+\rho+\varepsilon-\theta}{\alpha+\beta(1-\alpha)} - (\varepsilon+1-\theta)\right]k^{*} \tag{7.9}$$

此时经济系统模型能够达到长期稳态水平，当均衡点 θ 在不变条件下（实际生产部门和保险部门在经济系统中的相对结构不发生变化），经济体中代表性个体的消费、资本的稳态值将不会变动。若均衡点 θ 发生变化（实际生产部门和保险部门在经济系统中的相对结构发生变化)，则经济增长的均衡点会相应发生改变，从而产生保险业发展的经济增长多重均衡现象。

对公式（7.9）关于θ求导可以得出:

$$\frac{\mathrm{d}k^*(t)}{\mathrm{d}\theta}=\frac{-\left[\frac{(1-\theta)^{\beta(\alpha-1)}(1+\rho+\varepsilon-\theta)}{\alpha\theta^{\alpha}+\beta(1-\alpha)\theta^{\alpha}}\right]^{\frac{1}{\alpha+\beta(1-\alpha)}}A}{[\alpha(\beta-1)-\beta]\theta(\theta-1)(1+\rho+\varepsilon-\theta)} \tag{7.10}$$

其中，$A=\alpha[1+\theta(\beta-1)](1+\rho+\varepsilon-\theta)-\theta[\beta(1+\rho+\varepsilon-\theta)+\theta-1]$

则均衡点θ对经济增长产生影响作用的临界值（ω）可表示为:

$$\omega=(1-2\alpha-\beta+\alpha\beta-\alpha\varepsilon-\beta\varepsilon+\alpha\beta\varepsilon-\alpha\rho-\beta\rho+\alpha\beta\rho)/[2(\beta-1)(\alpha-1)]+2\sqrt{\psi} \tag{7.11}$$

$$\psi=\frac{1}{(\beta-1)^2(\alpha-1)^2}$$

$$(1-2\beta+2\alpha\beta+\beta^2-2\alpha\beta^2+\alpha^2\beta^2+2\alpha\varepsilon-2\beta\varepsilon+4\alpha\beta\varepsilon-2\alpha^2\beta\varepsilon+2\beta^2\varepsilon-4\alpha\beta^2\varepsilon+2\alpha^2\beta^2\varepsilon+\alpha^2\varepsilon^2+2\alpha\beta\varepsilon^2-2\alpha^2\beta\varepsilon^2+\beta^2\varepsilon^2-2\alpha\beta^2\varepsilon^2+\alpha^2\beta^2\varepsilon^2+2\alpha\rho-2\beta\rho+4\alpha\beta\rho-2\alpha^2\rho+2\beta^2\rho-4\alpha\beta^2\rho+2\alpha^2\beta^2\rho+2\alpha^2\varepsilon\rho+4\alpha\beta\varepsilon\rho-4\alpha^2\beta\varepsilon\rho+2\beta^2\varepsilon\rho-4\alpha\beta^2\varepsilon\rho+2\alpha^2\beta^2\varepsilon\rho+\alpha^2\rho^2+2\alpha\beta\rho^2-2\alpha^2\beta\rho^2+\beta^2\rho^2-2\alpha\beta^2\rho^2+\alpha^2\beta^2\rho^2 \tag{7.12}$$

以ω为临界点，均衡点θ可以分为两部分，当满足$0<$

$\theta < \omega$ 时，$\frac{dk^*}{d\theta} < 0$，在此条件下，保险业发展水平较高，其对经济系统的渗透程度（$1 - \theta$）较强，即当渗透程度（$1-\theta$）提高时，经济系统均衡资本水平将会提高。当满足 $\omega < \theta < 1$ 时，$\frac{dk^*}{d\theta} > 0$，在此条件下，保险业发展水平较低，其对经济系统的渗透程度（$1 - \theta$）处于较低水平，即当渗透程度（$1 - \theta$）提高时，经济系统均衡资本水平将会下降。θ 值越高时，$k(t) = 0$ 曲线越靠上，其随着渗透程度（$1 - \theta$）的降低而上升。

具体来说，当保险业发展水平较高，即其对经济系统的渗透程度（$1 - \theta$）较强时，保险业发展将会加强其对经济系统渗透程度，提高经济系统中均衡资本水平，从而促进经济增长。这意味着 θ 值降低，保险业发展将对经济增长产生促进作用效果。当保险业发展水平较低，保险业发展对经济系统的渗透程度（$1 - \theta$）增强时，将会降低经济系统中均衡资本水平，从而不利于经济增长。这意味着 θ 值降低，保险业发展将对经济增长产生阻碍作用。可以看出，在 θ 取值不同的条件下，保险业发展与经济增长间的作用机制具有一定差异，其存在的均衡状态也存在差别，由于我国区域或城市间经济发展水平和保险市场发展程度存在较大差异，不同阶段各区域保险业发展对经济系统的渗透程度存在差别，各区域或城市保险业发展与经济增长可能会存在不同的均衡状态，两者间的均衡稳态关系并非唯一存在。

7.2　模型介绍

7.2.1　模型设定问题

一个地区或城市的经济发展不仅与其本身相关，还与其受到邻近地区或城市的空间溢出效应影响，即大部分的空间数据都具有相关性，实证模型检验应将其中存在的空间效应考虑在内。此外，由于经济增长是一个连续、动态变化的过程，考虑到经济增长会受到前期因素和现期因素的共同影响，本部分将采用动态空间面板模型来研究保险业集聚对经济增长的空间溢出效应，即将被解释变量的滞后项引入空间计量模型中，以充分考察所建立模型中其他因素（除解释变量外）对被解释变量的影响。这样既考虑了经济发展的动态性和连续性，使经济增长的潜在影响因素分离，还可以对地区或城市间保险业集聚的空间相关性和空间异质性进行检验。

具体来说，在传统静态空间面板模型的基础上，动态空间面板模型的优越性体现在以下三点：一是考虑了同一时间横截面上观测值间存在的空间依赖性和空间单元不同时间的观测值间的序列依赖性。二是考虑了不可观测的特定时间或特定的动态效应和空间溢出效应。三是对于内生性问题，一方面，动态空间面板模型将空间滞后项、被解释变量滞后项以及双向固定效应纳入模型中，能够解决遗失变量的内生性问题。另一方面，采用极大似然估计方法进行估计，这在一定程度上能够缓解模型中的内生性问题，将会增加模型估计结果的准确性和可靠性。

7.2.2 动态空间杜宾模型

本书在静态空间杜宾模型（Elhorst，2014）的基础上，构建动态空间杜宾模型（$\tau \neq 0, \eta \neq 0$），形式如公式（7.13）或公式（7.14）所示：

$$\boldsymbol{y}_t = \tau y_{t-1} + \delta \boldsymbol{w} \boldsymbol{y}_t + \eta \boldsymbol{w} \boldsymbol{y}_{t-1} + \boldsymbol{x}_t \beta_1 + \boldsymbol{w} \boldsymbol{x}_t \beta_2 + v_t \tag{7.13}$$

$$\boldsymbol{y}_t = (I - \delta \boldsymbol{w})^{-1} (\tau I + \eta \boldsymbol{w}) \boldsymbol{y}_{t-1} + (I - \delta \boldsymbol{w})^{-1} (\boldsymbol{x}_t \beta_1 + \boldsymbol{w} \boldsymbol{x}_t \beta_2) + (I - \delta \boldsymbol{w})^{-1} v_t \tag{7.14}$$

在上述模型中，$\boldsymbol{y}_t$ 为被解释变量，为 $N \times 1$ 向量，表示各个地区或城市在第 t 年份和第 $t-1$ 年份的实际 GDP 对数值。τ 为时间滞后被解释变量 y_{t-1} 的系数，δ 为空间滞后被解释变量 wy_t 的系数，η 为时间和空间滞后被解释变量 wy_{t-1} 的系数，$\boldsymbol{X}$ 为解释变量，为 $N \times K$ 矩阵，v_t 为模型误差项，$\boldsymbol{w}$ 为空间权重矩阵。

7.3 变量说明和数据来源

7.3.1 变量说明

（1）被解释变量

对于经济增长的度量，采用各城市实际 GDP 作为被解释变量，根据各城市所属省份的 GDP 平减指数，将各城市 GDP 数值以 2005 年为基期不变价格进行相应的调整，并对其取对数处理。实际 GDP 能够在一定程度上反映该地区的经济发达程度和地区经济总量，这有助于对城市间溢出效应进行探讨。

（2）解释变量

本书基于空间视角下考察我国保险业空间集聚对经济增长的影响作用，并检验其空间溢出效应，主要从保险业发展、全要素生产率、人力资本、外商直接投资以及金融业发展程度等方面选取经济增长的影响因素。①对于保险资源集聚水平（x_1），结合前文 4.3.4 中的分析，从保险基础要素、保险机构和业务以及保险功能三个角度来界定各城市群保险业集聚水平，即通过构建包含保费收入、保险密度、保险深度、保险公司分支机构数量、金融从业人员、金融业投资额指标的多元指标评价体系，并采用主成分分析法测算各城市保险业集聚水平。与前文保持一致，本部分采用保险资源集聚指数衡量某地区保险业集聚程度。②对于全要素生产率（x_2），技术进步是经济增长的内在动力，技术进步水平的提高有利于经济持续增长。采用全要素生产率衡量地区技术进步水平，已有研究中有采用 LP 法、OP 法以及生产函数法等方法计算全要素生产率，考虑到在其计算过程中需要设定参数或半参数的函数形式，而我国地区或城市间的经济发展水平可能存在较大差异，为克服人为设定函数所造成的可能偏误，采用 Malmquist 指数（根据非参数方法计算得出）来衡量全要素生产率（TFP），在计算过程中选取的投入产出变量包括各城市资本存量、就业人数以及各地区实际 GDP，对于资本存量，借鉴张军的做法计算各城市 2005—2015 年的资本存量，即使用永续盘存法估算资本存量，计算公式为：$K_{it} = I_{it}/P_{it} + (1-\delta)K_{i,t-1}$，

$P_{it} = U_{it}P_{i,t-1}$，折旧率δ设为9.6%。考虑到个别城市固定资产价格指数缺失，采用同时期商品消费价格指数进行代替，并通过MaxDEA软件计算各城市2005—2015年的全要素生产率。③政府规模（x_3），政府在城市经济增长中起到重要作用，它在一定程度上反映了我国经济增长的制度因素，在财政分权体制下，财政支出大小会对地区经济增长产生影响，采用财政支出占GDP比重来表示政府对经济增长的干预程度。④金融业发展程度（x_4），金融是现代经济发展的血液，在我国经济发展水平快速增长的过程中，金融是支撑整个经济增长的重要基础，完善的金融市场有利于地区经济增长，金融市场通过资源配置效应、规模经济效应和网络经济效应等途径促进地区经济增长，故利用存贷款总额占GDP比重来反映城市金融市场发展程度。⑤人力资本（x_5），人力资本是经济增长源泉，将第一、第二、第三产业的就业人数总和作为各地区或城市投入到经济生产活动中的人力资本量。⑥社会消费需求（x_6），社会消费需求是经济增长的重要支撑点和推动力，社会消费需求影响着经济增长的结构和方向，鉴于数据可获得性，采用社会消费品零售总额占比来衡量消费需求。⑦外商直接投资（x_7），将外商直接投资额与当年城市实际GDP比重作为代理变量，根据2005—2015年人民币兑美元的平均汇率，将外商直接投资额兑换为人民币。相关变量的描述性统计如表7-1所示。

表7-1　各变量的描述性统计结果

变量	y	x_1	x_2	x_3	x_4	x_5	x_6	x_7
最大值	12.372	16.929	5.097	6.980	10.739	2.109	0.826	0.408
最小值	9.555	-0.935	0.199	4.607	0.508	0.040	0.026	0.000
平均值	10.902	0.000	1.004	5.496	1.965	0.153	0.335	0.039
中位数	10.878	-0.195	0.996	5.468	1.701	0.131	0.331	0.023
标准差	0.441	0.898	0.154	0.345	0.961	0.101	0.090	0.046

7.3.2　数据来源

本书所选取的研究时间段为2005—2015年，由于个别城市的缺失值较多，选取样本期内283个地级及以上城市作为样本研究对象，各城市生产总值、各产业就业人数、存贷款额、外商直接投资以及财政支出等数据来源于历年《中国城市统计年鉴》。保费收入、保险密度、保险深度以及保险机构数目等相关保险数据均来自《中国保险年鉴》、和讯网。本书还选取了我国九大城市群作为研究样本，九大城市群包括京津冀城市群、辽中南城市群、哈长城市群、长三角城市群、中原城市群、长江中游城市群、珠江三角洲城市群、北部湾城市群和成渝城市群，主要包括152个地级及以上城市。

7.4　实证结果分析

建立空间计量模型前应先进行空间相关性检验和模型选择检验，采用Moran's I检验方法和（稳健）LM检验方法检验我国经济增长的空间相关性和空间依赖性。在此基础上采用 LR 检验形式或者 Wald 检验形式来进行空间计量模型的选择检验。

7.4.1 空间相关性检验

对于空间相关性检验，表 7－2 给出了 2005—2015 年我国城市实际 GDP 的 Moran's I 指数随地理距离变化的结果。结果显示，我国城市 GDP 的全局 Moran's I 值均大于零，且通过 1% 显著性水平检验，说明我国城市间经济增长存在明显的正向空间相关性或外溢效应。此外，于斌斌和金刚（2014）认为中国城市间最小的"门槛距离"为 306 千米，即只有在不小于该距离的情况下，才能实现每一个城市都至少有一个邻近的城市。如表 7－2 中所示，给出了 300～1200 千米距离带宽条件下的 Moran's I 指数值。随着空间距离的增加，Moran's I 指数值呈逐渐降低趋势，这说明地区间距离越短，城市间经济增长的空间相关性越强。随着距离的增加，城市间经济增长的空间相关性逐渐减弱，这在一定程度上证实了我国地区间经济增长的空间相关性符合"地理学第一定律"，也从侧面说明分析我国城市经济增长时应将地理距离因素考虑在内。

表 7－2 Moran's I 指数随地理距离的变化及其统计检验

	[0，300]	[0，450]	[0，600]	[0，750]	[0，900]	[0，1050]	[0，1200]
Moran's I	0.511	0.525	0.440	0.421	0.408	0.400	0.394
统计量值	38.21	72.29	99.54	11.05	128.76	143.72	167.22

在 Moran's I 检验方法的基础上，通过 LM 检验方法和（稳健）LM 检验方法分别检验无空间滞后因变量原假设和

无空间自相关误差项原假设，来进一步判断模型中是否存在空间相关性，检验结果如表7－3所示。在表7－3中，总体（283个地级市及以上城市）中的LM－Lag和Robust LM－Lag统计量值分别为702.5和128.4，且均通过1%显著性水平检验。LM－Error和Robust LM－Error统计量值分别为339.7和280.3，且均通过1%显著性水平检验。这说明应拒绝无空间滞后因变量原假设和无空间自相关误差项假设，即模型中存在空间交互作用。

从九大城市群角度来看，城市群总体（152个地级市及以上城市）中的LM－Lag和Robust LM－Lag统计量值分别为726.28和98.41，且均通过1%显著性水平检验。LM－Error和Robust LM－Error统计量值分别为252.94和125.08，且均通过1%显著性水平检验。辽中南城市群、长江中游城市群和珠三角城市群模型中的Robust LM－Error统计量值分别为1.83、1.76和0.40，均未通过10%显著性水平检验，但其LM－Lag和Robust LM－Lag统计量值、LM－Error统计量值均通过1%显著性水平检验。京津冀城市群、哈长城市群、长三角城市群、中原城市群、北部湾城市群和成渝城市群相对应模型中的LM－Error和Robust LM－Error、LM－Error和Robust LM－Error统计量值均通过显著性水平检验。从整体来看，九大城市群总体及其各城市群本身模型应无空间滞后因变量原假设和无空间自相关误差项假设，即从总体和城市群角度来看，在建立计量模型时有必要将空间因素考虑在内。

表 7-3 基于 LM 检验方法的空间相关性检验结果

城市群	LM - Lag	Robust LM - Lag	LM - Error	Robust LM - Error
总体	702.5***	128.4***	339.7***	280.3***
城市群总体	726.28***	98.41***	252.94***	125.08***
京津冀	127.32***	72.37***	106.11***	54.95***
辽中南	27.07***	21.33***	7.57***	1.83
哈长	95.45***	18.56**	90.89***	13.99***
长三角	187.58***	56.29***	315.92***	184.62***
中原	196.94***	109.05***	125.70***	37.84***
长江中游	128.91***	93.89***	36.77***	1.76
珠三角	48.92***	35.71***	13.60***	0.40
北部湾	102.45***	63.76***	39.42**	17.36**
成渝	212.26***	94.48***	139.52**	21.75***

注释：表中“*”“**”和“***”分别表示10%、5%和1%的显著性水平，下同。

7.4.2 模型选择检验

Moran's I 检验方法和（稳健）LM 检验方法检验结果均表明模型中存在空间相关性或空间交互作用。接下来本书将采用 LR 检验或者 Wald 检验形式检验空间杜宾模型是否可以转换为空间滞后模型或者空间误差模型。若检验结果均拒绝原假设，则应选择空间杜宾模型，反之，应选择空间滞后模型（SLM）或者空间误差模型（SEM）。检验结果如表 7-4 所示，总体模型中 Wald - Lag 值和 LR - Lag 值分别为 51.01 和 60.88，Wald - Error 值和 LR - Error 值分别为

97.85 和 111.43，其相对应 P 值均小于 0.01，即通过 1% 显著性水平检验，故应分别拒绝原假设，说明空间杜宾模型不能简化为空间滞后模型和空间误差模型。不论是从城市群总体，还是从各城市群角度来看，各个模型中 Wald – Lag 值和 LR – Lag 值、Wald – Error 值和 LR – Error 值均通过 5% 或 10% 显著性水平检验。这代表与空间滞后模型和空间误差模型相比，空间杜宾模型更适合研究保险业集聚的经济增长效应分析。

表 7 – 4 中最后一列为 Hausman 检验结果，通过 Hausman 检验结果可以判断选择空间杜宾模型的随机效应或固定效应，各模型 Hausman 值相对应 P 值均小于 0.025，这说明固定效应要优于随机效应，故本书以空间杜宾固定效应模型估计结果为主。

表 7 – 4　模型选择检验结果

城市群	Wald – Lag	LR – Lag	Wald – Error	LR – Error	Hausman
总体	51.01***	60.88***	97.85***	111.43***	229.68
城市群总体	95.37***	110.85***	131.44***	148.94***	206.30
京津冀	19.06***	18.13**	16.62**	12.70*	56.12
辽中南	18.07**	17.38**	28.41***	29.28***	30.68
哈长	25.48***	28.20***	24.26***	26.30***	78.4
长三角	72.35***	74.28***	76.74***	79.33***	64.90
中原	65.24***	65.44***	58.89***	62.28***	33.46
长江中游	64.61***	65.30***	68.14***	66.90***	53.91
珠三角	36.25***	36.73***	30.84***	29.79***	34.41
北部湾	71.36***	63.06***	75.72***	65.53***	63.34
成渝	102.67***	91.23***	102.13**	91.04***	90.29

7.4.3 空间溢出效应分析

（1）估计结果与分析

考虑到我国区域经济增长的连续性和动态性特征，静态空间模型可能会遗漏经济增长的潜在影响因素，故本书运用动态空间 Durbin 模型分析保险业空间集聚的经济增长效应，估计结果如表 7－5 中所示。还运用 LogL 值构造 LR 检验统计量，检验 y_{t-1} 和 wy_{t-1} 系数的联合显著性，其值在总体模型中为 864.55，说明动态空间杜宾模型增强了模型解释力，故有必要运用动态空间杜宾模型做出进一步分析。在表 7－5 中，按照保险市场发展程度将研究样本区分为保险市场相对发达地区子样本和保险市场相对不发达地区子样本，相应估计结果如表 7－5 中后四列所示。

从表 7－5 中可以看出，被解释变量滞后项 y_{t-1} 的系数分别为 0.662、0.580 和 0.706，且均通过 5% 的显著性水平检验。空间滞后项 wy_t 的回归系数分别为 0.896、0.820 和 0.771，其对应的 T 值分别为 42.749、22.653 和 16.932，均通过 1% 的显著性水平检验，空间滞后项 wy_{t-1} 的回归系数均大于零，但其显著性水平并不高。整体来看，经济增长滞后项及其空间滞后项能够将经济增长的潜在因素从空间结构中分离出来，经济增长滞后项 y_{t-1} 对当期经济增长具有显著的正向促进作用，说明在 2005—2015 年，我国城市经济增长具有连续性和动态性特征。空间滞后项 wy_t 回归系数显著大于零，说明我国城市间经济增长存在明显的空间溢出效应。

表7-5　动态空间杜宾固定效应模型的估计结果

变量	总体（1）		保险市场相对发达（2）		保险市场相对不发达（3）	
	系数	T值	系数	T值	系数	T值
y_{t-1}	0.662***	10.252	0.580***	7.255	0.706**	2.304
wy_t	0.896***	42.749	0.820***	22.653	0.771***	16.932
wy_{t-1}	1.026	0.259	0.971	1.360	1.272**	1.970
x_1	0.021**	1.808	0.047***	2.989	0.012*	1.854
x_2	0.039***	8.517	0.081***	12.086	0.013**	2.267
x_3	-0.042***	-4.158	-0.059***	-4.584	0.036**	2.446
x_4	0.023***	11.124	0.011***	5.397	0.067***	14.089
x_5	0.065***	6.358	0.087***	6.594	0.042***	2.927
x_6	-0.563***	-31.514	-0.579***	-24.862	-0.466***	-18.934
x_7	-0.011	-0.363	-0.060	-1.539	0.006	0.145
wx_1	0.043**	2.911	0.107***	4.527	0.011	0.779
wx_2	-0.107*	-1.861	-0.141**	-2.339	-0.009	-0.164
wx_3	-0.056	-0.386	0.058	0.384	0.176	1.148
wx_4	0.033	1.285	0.007	0.340	0.120***	2.832
wx_5	0.030	0.325	0.176**	2.413	0.183	1.597
wx_6	-0.902***	-4.279	0.127	0.645	-1.681***	-6.946
wx_7	0.721***	3.499	0.054	0.235	1.585***	5.043

此外，在表7-5中，保险业集聚水平对经济增长的影响系数在总体、保险市场相对发达子样本和保险市场相对

不发达子样本模型中分别为0.021、0.047和0.012，其t值分别为1.808、2.989和1.854，说明其系数在模型（1）、（2）和（3）中均显著大于零，整体来看，保险业集聚水平的提升有利于城市经济增长，这种促进作用在保险市场相对发达的城市表现得更为显著。此外，保险业集聚的空间滞后系数（wx_1）在总体、保险市场相对发达子样本和保险市场相对不发达子样本模型中分别为0.043、0.107和0.011，其t值分别为2.911、4.527和0.779，其空间滞后系数在总体模型（1）和保险市场相对发达子样本模型（2）中分别通过了10%和1%的显著性水平检验。说明在保险市场发展程度相对较高的区域，保险业集聚水平的提高不仅有利于本区域城市经济增长，而且还会对其邻近城市经济增长产生显著的正向溢出效应，但这在保险市场发展程度相对较低的区域中并不明显。

对于全要素生产率（x_2），其回归系数在模型（1）、（2）和（3）中的系数均显著大于零，说明全要素生产率的提高能够有效促进经济增长的提升，但其空间滞后系数（wx_2）在模型（1）和（2）中分别为-0.107和-0.141，且均通过10%的显著性水平检验，说明全要素生产率对经济增长产生显著的负向溢出效应，即尽管全要素生产率的提升有利于本地区或城市经济增长，但其对邻近地区或城市的经济增长起到负向作用。变量政府支出（x_3）回归系数在模型（1）和（2）中显著小于零，而在模型（3）中显著大于零，说明政府支出规模在一定程度上阻碍了保险市场相对发达地区或城市的经济增长，但其对保险市场相对不发达地区或城市产生正向促进作用。其空间滞后系数

（wx_3）在模型（1）、（2）和（3）中并不显著。变量金融产业发展程度（x_4）回归系数在模型（1）、（2）和（3）中的系数均显著大于零，说明金融产业发展程度的提高能够有效促进经济增长的提升，其空间滞后系数（wx_4）仅在模型（3）中显著大于零，说明其在保险市场相对发达地区或城市中存在正向溢出效应。变量人力资本（x_5）的回归系数在模型（1）、（2）和（3）中的系数均显著大于零，说明人力资本的提升正向促进城市经济增长。变量社会消费品零售总额占比（x_6）的回归系数在模型（1）、（2）和（3）中的系数均显著小于零，且其空间滞后系数（wx_6）在模型（1）和（3）中均显著小于零，说明社会消费品零售总额占比的提高并不利于我国城市经济增长。变量外商直接投资（x_7）的回归系数在模型（1）、（2）和（3）中的系数并不显著，但其空间滞后系数（wx_7）在模型（1）和（3）中均显著大于零，说明外商直接投资对城市经济增长产生显著的正向促进作用。

（2）控制城市间地理距离的考察

为进一步分析保险业集聚的经济增长效应随地理距离增加的变化趋势，与前文保持一致，以 300 千米作为最小地理距离，从 300 千米开始每相隔 150 千米设定距离阈值，如对于区间［0，450］，表示两地区或城市间地理距离在不大于该距离的条件下，可认为两城市间存在地理邻近的关系。以此类推，分别构造与不同地理距离阈值相对应的空间权重矩阵，并通过空间动态杜宾模型测算结果，相应结果如表 7－6 所示。在表 7－6 中，整体来看，在不同地理距离阈值下，各变量的回归系数的大小和显著性变化并不明显，而各变量的空间滞后系数的数值大小和显著性在不同地理距离阈值下出现了较大变化。可见，地理距离对各变量的空间溢出效应能够产生明显的影响。

保险业集聚的空间滞后系数（wx_1）在0～1200千米范围内呈现出先上升后下降的变化趋势，空间滞后系数在[0，300] [0，450]以及[0，600]内分别为0.041、0.137和0.105，且均通过5%的显著性水平检验，而空间滞后系数在其他距离阈值下大于零，但均不显著，其峰值出现在450千米左右，达到0.137，且通过1%显著性水平检验。说明保险业集聚对经济增长的空间溢出效应在450千米左右最为明显。当超过600千米时，空间滞后系数下降趋势明显，空间溢出效应不显著。对于这种现象，在0～450千米，保险业集聚的空间溢出效应会随着距离的增加不断上升，但其空间滞后系数值处于较低水平，其对经济增长的空间溢出效应相对有限，地区或城市间距离较短使得邻近城市在保险要素、资本、市场等方面存在较为激烈的竞争，不利于保险业集聚溢出效应的产生。在450～600千米，空间滞后系数从0.137下降至0.105，尽管保险业集聚对经济增长的空间溢出效应出现缓慢下降，但其值相对较大且显著，说明这一地理距离间隔有效增强了保险业集聚对经济增长的空间溢出效应，加深了城市间保险资源的分工与合作，避免了激烈的竞争。

表 7－6　不同地理距离阈值下动态空间杜宾模型的估计结果

变量	[0,300]	[0,450]	[0,600]	[0,750]	[0,900]	[0,1050]	[0,1200]
y_{t-1}	0.644***	0.650***	0.651***	0.639***	0.638**	0.624***	0.623***
wy_t	0.231***	0.275***	0.561**	0.416**	0.170**	0.186**	0.103**
wy_{t-1}	0.831	0.762	1.574*	1.698*	0.281	0.491	0.843
x_1	0.023**	0.021	0.022	0.022*	0.023**	0.023**	0.023**
x_2	0.041***	0.040***	0.038***	0.038***	0.038***	0.038***	0.039***
x_3	-0.028**	-0.039***	-0.037***	-0.035***	-0.035***	-0.035***	-0.035***
x_4	0.020***	0.022***	0.023***	0.024***	0.024***	0.025***	0.025***
x_5	0.059***	0.067***	0.051***	0.053***	0.054***	0.054***	0.053***
x_6	-0.591***	-0.551***	-0.601***	-0.614***	-0.616***	-0.613***	-0.608***
x_7	0.025	-0.007	0.022	0.047	0.056*	0.072	0.080
wx_1	0.041**	0.137***	0.105**	0.053	0.026	0.036	0.013
wx_2	0.008	0.038***	-0.010	0.016	0.013	-0.009	-0.025
wx_3	0.052*	-0.038	-0.039	0.002	0.019	0.021	0.088
wx_4	0.019***	0.007	-0.008	0.001	0.017	0.029*	0.043*
wx_5	0.121***	-0.033	0.234***	0.254***	0.144**	0.101	0.045
wx_6	-0.259***	-0.218***	-0.524***	-0.179	0.469	0.566	0.734
wx_7	0.187***	0.117**	0.568***	0.599***	0.393***	0.308*	0.186

(3) 控制城市群分类的考察

考虑到不同城市间经济发展水平的差异性特征，以我国九大城市群为子样本，分别建立动态空间杜宾模型进行分析，估计结果如表7-7和表7-8所示。从表中可看出，变量保险业集聚水平（x_1）的回归系数在模型总体城市群、京津冀、辽中南、长三角、珠三角和北部湾分别为0.028、0.024、0.020、0.020、0.027和0.014，且均通过10%显著性水平检验，说明在这些城市群中保险业集聚水平的提高有利于本地区或城市经济增长。而其回归系数在哈长、中原、长江中游和成渝城市群中并未通过显著性水平，说明在这些城市群中保险业集聚的经济增长效应并不明显。

从空间滞后系数来看，保险业集聚的空间滞后系数（wx_1）在京津冀、长三角、中原、珠三角、北部湾以及成渝城市群模型中分别为0.077、0.045、0.239、0.028、0.025以及0.158，且均通过5%的显著性水平检验，说明这些城市群保险业集聚对经济增长产生正向溢出效应，即在这些城市群中，城市保险业集聚水平的提高有利于其邻近城市或地区经济的增长，存在显著的空间溢出效应。空间滞后系数（wx_1）在辽中南、哈长和长江中游城市群模型中大于零，但并未通过显著性水平检验。以上分析表明，保险业空间集聚的经济增长效应在不同城市群或区域间呈现出差别化特征。

表7-7　各城市群空间杜宾固定效应模型估计结果

变量	总体城市群		京津冀城市群		辽中南城市群		哈长城市群		长三角城市群	
	系数	T值	系数	T值	系数	T值	系数	T值	系数	T值
y_{t-1}	0.580***	7.060	0.843***	3.006	1.072***	10.341	0.533**	1.983	0.617***	11.674
wy_t	0.786***	18.717	0.606***	2.633	0.593**	2.523	0.255	1.178	0.499**	2.141
wy_{t-1}	1.201	1.633	1.067	1.356	0.256	1.173	0.964**	2.231	1.291*	1.900
x_1	0.028***	2.408	0.024***	8.020	0.020*	1.780	0.022	1.534	0.020***	5.314
x_2	0.042***	5.109	0.018*	1.921	0.028	0.824	0.038	1.161	0.045***	4.069
x_3	-0.259***	-7.572	-0.736**	-2.377	0.097	0.348	-0.768***	-4.567	-0.107	-1.042
x_4	0.020***	8.785	0.019***	7.559	0.049***	2.775	0.001	0.183	0.056***	6.389
x_5	0.024**	2.366	0.151***	3.313	0.177***	2.850	0.056	0.659	0.063***	4.197
x_6	-0.389***	-20.082	-0.971***	-10.617	-0.477***	-3.577	-0.973***	-7.031	-0.740***	-11.599
x_7	0.030	0.854	-0.280	-1.608	-0.131	-1.461	-0.179	-0.557	-0.054	-0.811

续表

变量	总体城市群		京津冀城市群		辽中南城市群		哈长城市群		长三角城市群	
	系数	T值	系数	T值	系数	T值	系数	T值	系数	T值
wx_1	0.031**	2.156	0.077***	2.734	0.028	0.318	-0.099	-1.171	0.045***	2.009
wx_2	-0.136*	-1.878	-0.112	-1.116	0.143	0.885	0.467***	2.618	0.142*	1.732
wx_3	1.274***	4.508	-1.548	-1.079	0.747	0.554	-2.881***	-3.033	3.457***	3.769
wx_4	0.027	1.249	0.074	1.180	-0.087	-1.010	0.002	0.083	-0.058	-0.868
wx_5	0.141*	1.855	0.403	1.392	0.451	1.326	0.069	0.150	-0.055	-0.400
wx_6	-1.013***	-5.274	-1.098*	-1.736	2.007***	3.147	-0.414	-0.494	-0.513	-0.801
wx_7	-0.195	-1.036	1.127	1.382	-1.184**	-2.072	-3.571**	-1.956	0.810	1.308

表 7－8　各城市群空间杜宾固定效应模型估计结果

变量	中原城市群		长江中游城市群		珠三角城市群		北部湾城市群		成渝城市群	
	系数	T 值	系数	T 值	系数	T 值	系数	T 值	系数	T 值
y_{t-1}	0.826*	1.904	0.600***	13.208	0.427***	5.549	0.552**	2.135	0.491***	6.564
wy_t	0.198	1.428	−0.554**	−2.425	−0.581**	−2.442	0.081	0.481	−0.539**	−2.271
wy_{t-1}	0.592	0.385	1.520	0.876	0.970	0.005	2.672	0.964	0.322	1.599
x_1	0.009	1.182	0.012	0.420	0.027***	3.214	0.014**	1.979	−0.006	−1.142
x_2	0.028***	2.409	0.012	0.897	0.021*	1.944	0.083***	3.051	0.019	1.158
x_3	−0.815***	−7.676	−0.412***	−4.912	−0.998***	−3.651	−0.172	−0.571	−0.009	−0.375
x_4	0.009**	2.381	0.098***	10.717	0.118***	8.931	0.027	1.531	0.029***	4.876
x_5	0.095*	1.692	0.047***	3.412	0.019	0.549	0.148***	2.674	0.038**	2.282
x_6	−0.210***	−6.158	−0.335***	−7.847	−0.024	−0.621	−0.256***	−4.993	−0.374***	−6.572
x_7	0.197*	1.690	−0.082	−0.900	−0.192**	−2.014	0.219	1.621	0.165*	1.762

续表

变量	中原城市群		长江中游城市群		珠三角城市群		北部湾城市群		成渝城市群	
	系数	T值	系数	T值	系数	T值	系数	T值	系数	T值
wx_1	0.239***	3.296	0.017	0.547	0.028***	3.669	0.025**	2.037	0.158***	4.512
wx_2	−0.135	−0.955	0.037	0.452	−0.136	−0.896	−0.057	−0.438	−0.015	−0.122
wx_3	2.002***	4.853	2.923***	4.674	0.238	0.116	3.157**	2.004	0.069	0.308
wx_4	0.054	1.488	0.205**	2.526	0.315***	3.770	0.283**	1.964	0.141***	3.214
wx_5	−0.099	−0.222	−0.164*	−1.659	0.283	1.506	0.181	0.414	−0.306***	−2.667
wx_6	0.112	0.310	−2.265***	−5.842	−0.292	−0.828	−1.045***	−3.975	0.485	1.096
wx_7	0.644	0.680	−2.309***	−3.319	−1.274**	−1.990	3.372***	3.057	0.063	0.080

第 8 章　研究结论及政策建议

8.1　研究结论

本书从理论和实证角度对我国保险业空间集聚的特点、影响因素以及演化机制等方面进行分析。以九大城市群为例，分析全国和九大城市群保险业空间集聚演化机制及空间收敛性，并通过建立空间计量模型来实证检验和解释我国保险业空间集聚演进动因分析和经济增长效应分析。主要结论如下。

（1）在样本考察期内，各城市群保险区位熵的变化趋势不尽相同，长江中游、珠三角、北部湾和成渝城市群保险区位熵值在 2005—2010 年均呈先上升后下降趋势，珠三角、北部湾城市群在 2011—2015 年呈稳中有升趋势，而成渝和长江中游城市群在 2011—2015 整体上呈下降趋势。Dagum 基尼系数及其分解方法分析表明，我国九大城市群保险密度的总体空间差距整体上呈缩小态势，保险深度的总体空间基尼系数呈先上升后下降趋势，两者总体空间差距主要来源于城市群间差距，九大城市群保险深度的总体空间差距及其年均下降幅度均要低于保险密度。核密度估计表明，九大城市群的保险深度在波峰形态、分布位置以及分布特征等方面存在明显不同的演进态势，不均衡分布特征显著。而九大城市群保险密度在波峰形态、分布位置以及分布特征等方面表现出相似的演进态势。

随着时间推移，我国九大城市群保险业发展集中趋势大致呈降低态势，各城市群保险业发展水平由低向高不断提升。总体来看，京津冀城市群保险业集聚指数要明显高于其余城市群，而长江中游、北部湾和哈长城市群的保险业集聚指数处于较低水平。整体上，我国保险业集聚程度由低向高不断提升，而各城市群保险业集聚的分布动态特征具有差异，京津冀、长三角和珠三角城市群的保险业集聚程度相对较高。

（2）全国保险业和九大城市群保险业发展在地理空间分布上具有正向空间相关性，空间集聚现象明显。无论是从保费收入、保费深度和保费密度，还是从保险业集聚指数的角度来看，随着时间不断推移，我国保险业发展的集聚模式逐渐向“高—高”空间集聚模式的方向演化。从区位角度来看，各城市群保险业发展的空间集聚性表现出不同演变趋势，地区间差异较为显著。空间马尔可夫转移概率与邻域空间滞后类型密切相关，空间因素对不同观测类型的空间转移概率产生显著影响，“溢出效应”要高于“短板效应”。我国区域保险业发展的饱和型转移概率大于取代型转移概率。从长期遍历分布概率来看，“高—高”空间集聚模式的长期稳态概率最大，“低—高”空间集聚模式次之。

（3）九大城市群保险密度发展具有 σ 收敛特征，而保险深度仅在京津冀、辽中南、哈长、珠三角和成渝城市群中表现出 σ 收敛。总体及各城市群内部保险业发展存在显著条件 β 收敛，由于存在空间溢出效应，总体及各城市群保险密度和保险深度的收敛速度明显提升，其总体收敛速度分别为 0. 364 和 0. 302，区域协同效应显著。

（4）地理距离邻近城市的保险业集聚发展存在空间关联性，且城市行政层级的提高能够显著增强这种空间关联性。信息因素、规模经济因素以及本地市场因素对保险业集聚产生正向促进作用，且空间溢出效应明显，而政府参与因素在各城市群保险业集聚过程中的影响作用具有显著差异。在各城市群核心城市中，北京、天津、哈尔滨、南京、杭州、上海和成都保险业集聚的辐射半径均超过 450 千米，其在各城市群保险业发展中起到了明显带头作用，辐射效应明显。

（5）保险业集聚水平的提高有利于城市经济增长，在保险市场发展程度相对较高的区域，保险业集聚水平的提高不仅有利于本城市经济增长，而且还会对其邻近城市经济增长产生显著的正向溢出效应，但这在保险市场发展程度相对较低的区域中并不明显。保险业集聚对经济增长的正向空间溢出效应在 450 ~ 600 千米表现得较为显著。保险业空间集聚的经济增长效应在不同城市群或区域间呈现出差别化特征。

8.2 政策建议

（1）在我国保险业发展过程中，保险业集聚现象显著。我国各城市群保险业发展的不均衡分布特征明显，存在极化现象。城市行政级别提高能够增强保险业发展关联性，保险信息有利于保险业集聚发展。在城市行政层级较高的城市，特别是直辖市或省会城市中，其保险信息相对集中。基于此，一方面，政府相关部门应重视整体战略引导作用，统筹区域保险业战略发展规划和顶层设计，完善城市群保险业协调发展机制。在推进我国区域保险中心良性发展过程中，应结合各城市的产业定位和功能角色，优化保险业空间布局，采取差异化保险业发展策略，充分发挥核心城市保险资源的辐射带动作用。另一方面，优化当地保险产业市场结构，增强城市间保险业发展的互补性和协调性。欠发达城市应实行适度倾斜的保险业政策，如积极实施税收、土地、人才等优惠政策，吸引更多的保险资本或保险公司在欠发达城市设立保险分支机构或保险中介机构。此外，在保险业集聚发展导向中，营造良好的保险政策环境和市场环境，注意市场力量和行政干预力量的边界。

（2）重视城市群保险业发展过程中所表现出的空间集聚性和空间收敛特征，充分利用其集聚效应和溢出效应。一方面，由于我国中原、成渝、北部湾、长江中游、长三角、京津冀等城市群内部城市均涉及多个省市，城市间保险业协同发展往往受地区间“市场分割”束缚，应加强与本地区相关部门的交流，为实现保险业跨区域发展争取政策和制度支持，打破传统行政区划壁垒和地方保护主义，提高城市间保险业务创新能力和产品技术扩散能力，加强保险信息交流，降低城市间保险信息成本，努力实现保险业集聚的外部规模收益递增，为保险业发展过程中的溢出效应和空间集聚转移创造更多“管道”。另一方面，“松绑”要素市场，加速知识、信息、技术等要素的跨区域流动，进一步加强保险业部门与其他产业部门的交流合作，积极有效探索行业发展新模式，拓展保险业务范围。不断深化我国保险业市场化程度，适度放松跨区域设立保险分支机构或经营的政策约束，促进保险资本的跨地区流动，优化保险产业布局，提高落后城市经济发展水平，为提高城市群收敛速度创造良好条件。

（3）相关部门应统筹地区保险业信息发展规划。一方面，推动各城市群或地区保险信息及其功能集聚，形成多层次保险信息腹地，推动保险网络信息平台建设。加快落后地区信息基础设施的建设步伐，提高保险业信息技术水平，扩展保险信息标准化的业务边界，降低城市间保险交易活动成本，进一步弱化低水平邻近城市所带来的“短板效应”。优化相关产业布局，充分利用邻域间保险业集聚所存在的“溢出效应”，增强发达地区“以点带面”的辐射带动作用。另一方面，保险监管部门不断完善保险公司信息披露制度，降低保险产品信息不对称程度、保险公司交易成本以及投保人搜寻成本。同时加强保险监管机构、行业协会、保险公司以及相关研究机构间合作，通过保险信息收集与分析，为完善保险产品价格决定机制和调控机制提供依据，充分发挥保险本地市场及其放大效应。

（4）城市保险业集聚发展不仅有利于本地区城市经济增长，还能够促进邻域城市经济的发展，而这种正向空间溢出作用在保险市场程度发展相对较高地区尤为显著。所以，各城市保险业集聚发展应与周边城市相协调，实现保险资源共享，促进城市间保险业的交流合作，完善保险中介体系，提高本地区保险市场发展程度，提升保险业集聚对经济增长的空间溢出作用。

参考文献

[1] 朱俊生，王白宇，李芸，等．我国保险业空间布局研究［R］．变革中的稳健：保险、社会保障与经济可持续发展：北大 CCIS-SR 论坛文集·2005，2005.

[2] 王金铎．中国区域保险的理论与政策研究［M］．北京：中国财政经济出版社，2006.

[3] 薛伟贤，王强．我国区域保险经济协调发展研究［J］．金融理论与实践，2008（5）：92－95.

[4] 郑伟，刘永东，邓一婷．保险业增长水平、结构与影响要素：一个国际比较的视角［J］．经济研究，2010（8）：141－154.

[5] 胡宏兵，田乾，黄莹玉．我国保险业区域发展协调度评价实证研究［J］．宏观经济研究，2012（05）：47－55.

[6] Hwang T，Greenford B. A Cross－Section Analysis of the Determinants of Life Insurance Consumption in Mainland China，Hong Kong，and Taiwan［J］．Risk Management and Insurance Review，2005，8（1）：103－125.

[7] 张伟，郭金龙，张许颖，等．中国保险业发展的影响因素及地区差异分析［J］．数量经济技术经济研究，2005（07）：108－117.

[8] 陈华，齐红梅．我国保险业的地区差异及协调发展［J］．江西财经大学学报，2008（2）：38－41.

[9] 吴祥佑．我国省域保险业发展不平衡的实证研究：1997—2007年［J］．数量经济技术经济研究，2009（06）：99－114.

[10] 锁凌燕，完颜瑞云，陈滔．我国商业健康保险地区发展失衡现状及原因研究［J］．保险研究，2015（1）：42－53.

[11] 徐哲，冯喆．中国保险市场区域发展不均衡性分析［J］．北京航空航天大学学报（社会科学版），2005（3）：17－20.

[12] 郑伟，刘永东．中国保险业区域发展比较研究：基于“保险基准深度比”的分析［J］．经济科学，2008（5）：96－109.

[13] 肖志光．中国保险市场地区差距：1989—2008［J］．保险研究，2009（12）：21－31.

[14] 蒋才芳．基于保险业绩指数的区域保险差异探析［J］．湖南大学学报（社会科学版），2009（04）：45－49.

[15] 沈扬扬．中国保险业区域不平衡发展研究：基于修正数据的研究［J］．保险研究．2012（3）：12－23.

[16] 李春燕．我国保险发展的空间非均衡及极化研究：基于1998—2010年年产险与寿险的对比分析［J］．财经论丛，2013（02）：64－70.

[17] 钟水映，李强谊，肖攀．我国保险业发展水平的地区差异及其分布动态演进［J］．保险研究，2016（3）：3－17.

[18] 黄薇．保险业发展的地区差异值得重视［J］．财经科学，2006（3）：111－116.

[19] 钱振伟，王翔，张艳．西部地区保险业发展与地方政府干预关系研究［J］．云南财经大学学报，2010（5）：147－154.

[20] 吴洪，赵桂芹．保险业区域发展差异的演变及解释：基于shapley值的分解方法［J］．保险研究，2011（10）：14－21.

[21] Porter M E. The Competitive Advantage of Nations［J］. Harvard Business Review，1990，68（2）：73－93.

[22] Kindleberger C P. The Formation of Financial Centers：A Study in

Comparative Economic History [M]. Princeton: Princeton University Press. 1974.

[23] Gehrig T. Cities and the Geography of Financial Centres [J]. Economics of Cities: Theoretical Perspectives, 2000: 415 - 447.

[24] 潘英丽. 论金融中心形成的微观基础: 金融机构的空间聚集 [J]. 上海财经大学学报, 2003 (1): 50 - 57.

[25] 刘军, 黄解宇, 曹利军. 金融集聚影响实体经济机制研究 [J]. 管理世界, 2007 (4): 152 - 153.

[26] 林江鹏, 黄永明. 金融产业集聚与区域经济发展: 兼论金融中心建设 [J]. 金融理论与实践, 2008 (6): 49 - 54.

[27] 任英华, 徐玲, 游万海. 金融集聚影响因素空间计量模型及其应用 [J]. 数量经济技术经济研究, 2010 (5): 104 - 115.

[28] 丁艺, 李靖霞, 李林. 金融集聚与区域经济增长: 基于省际数据的实证分析 [J]. 保险研究, 2010 (2): 20 - 30.

[29] 李伟军. 地区行政层级、信息基础与金融集聚的路径选择: 基于长三角城市群面板数据的实证分析 [J]. 财经研究, 2011 (11): 80 - 90.

[30] 刘维峰, 黄解宇. 金融集聚、资源转移与区域经济增长 [J]. 投资研究, 2012 (10): 140 - 147.

[31] 豆晓利. 基于空间模型的中国金融集聚对区域经济增长的溢出作用分析 [J]. 区域经济评论, 2013 (6): 113 - 120.

[32] 张浩然. 空间溢出视角下的金融集聚与城市经济绩效 [J]. 财贸经济, 2014 (9): 51 - 61.

[33] 刘恒怡. 金融服务产业集聚的空间演化路径及实证模型 [J]. 统计与决策, 2014 (2): 158 - 160.

[34] 李广子. 跨区经营与中小银行绩效 [J]. 世界经济, 2014 (11): 119 - 145.

[35] 张辉, 刘鹏, 于涛, 等. 金融空间分布、异质性与产业布局

[J]. 中国工业经济，2016（12）：40－57.

[36] 李延军，李海月，史笑迎. 京津冀区域金融集聚的空间溢出效应及影响路径 [J]. 金融论坛，2016（11）：20－29.

[37] 张浩然. 中国城市金融集聚的演进趋势与影响因素：区域异质性视角 [J]. 广东财经大学学报，2016（3）：56－63.

[38] 于斌斌. 金融集聚促进了产业结构升级吗：空间溢出的视角：基于中国城市动态空间面板模型的分析 [J]. 国际金融研究，2017（2）：12－23.

[39] 刘军，黄解宇，曹利军. 金融集聚影响实体经济机制研究 [J]. 管理世界，2010（4）：152－153.

[40] Porteous D J. The Geography of Finance：Spatial Dimensions of Intermediary Behavior [J]. Aldershot：Avebury. 1995.

[41] Zhao S XB. Spatial Restructuring of Financial Centers in Mainland China and Hong Kong：A Geography of Finance Perspective [J]. Urban Affairs Review，2003，38（4）：535－571.

[42] 车欣薇，部慧，梁小珍，等. 一个金融集聚动因的理论模型 [J]. 管理科学学报，2012（3）：16－29.

[43] 余泳泽，宣烨，沈扬扬. 金融集聚对工业效率提升的空间外溢效应 [J]. 世界经济，2013（2）：93－116.

[44] 王弓，叶蜀君. 金融集聚对新型城镇化影响的理论与实证研究 [J]. 管理世界，2016（1）：174－175.

[45] 刘辉，申玉铭，柳坤. 中国城市群金融服务业发展水平及空间格局 [J]. 地理学报，2013（2）：186－198.

[46] 吴祥佑. 我国保险密度空间收敛的实证研究 [J]. 财经研究，2009（9）：111－120.

[47] 田乾，金怀玉. 中国保险业发展的空间集聚效应分析 [J]. 统计与决策，2016（13）：152－155.

[48] 李林，丁艺，刘志华. 金融集聚对区域经济增长溢出作用的空

间计量分析［J］. 金融研究，2011（5）：113－123.

［49］谭朵朵. 中国省域保险业发展影响因素的空间计量分析，统计与信息论坛［J］. 2011（1）：37－43.

［50］徐晓光，许文，郑尊信. 金融集聚对经济转型的溢出效应分析：以深圳为例［J］. 经济学动态，2015（11）：90－97.

［51］黄琦，陶建平. 中国农业保险发展的空间收敛研究［J］. 农业现代化研究，2016，37（6）：1151－1157.

［52］Pandit N R，Cook G. The Benefits of Industrial Clustering：Insights from the British Financial Services Industry at Three Locations［J］. Journal of Financial Services Marketing，2003，7（3）：230－245.

［53］Agarwal Sumit，Hauswald Robert. Distance and Private Information in Lending［J］. Review of Financial Studies，2010，23（7）：2757－2788.

［54］Lee R，Schmidt－Marwede U. Interurban Competition? Financial Centres and the Geography of Financial Production［J］. International Journal of Urban and Regional Research，2010，17（4）：492－515.

［55］Cotugno M，Monferra S，Sampagnaro G. Relationship Lending，Hierarchical Distance and Credit Tightening：Evidence from the Financial Crisis［J］. Journal of Banking and Finance，2013，37（5）：1372－1385.

［56］Karreman B，Knaap BVD. The Geography of Equity Listing and Financial Centre Competition in Mainland China and Hong Kong［J］. Journal of Economic Geography，2012，12（4）：899－922.

［57］PasqualeCommendatore，Elisabetta Michetti，Francesco Purificato. Financial Development and Agglomeration［J］. MPRA Paper，2013（6）：1－19.

［58］Milani C. Borrower－lender Distance and Loan Default Rates：Macro Evidence from the Italian Local Markets［J］. Journal of Economics and Business, 2014, 71 (1): 1-21.

[59] Degl'Innocenti M, Matousek R, Sevic Z, Tzeremes NG. Bank Efficiency and Financial Centres: Does Geographical Location Matter? [J]. Journal of International Financial Markets, Institutions and Money, 2017, 46 (1): 188-198.

[60] Webb I, M F Grace, H D Skipper. The Effect of Banking and Insurance on the Growth of Capital and Output [R]. Center for Risk Management and Insurance Working Paper, 2002.

[61] PeterHaiss, Kjell Sümegi. The Relationship Between Insurance and Economic Growth in Europe: A Theoretical and Empirical Analysis [J]. Empirica, 2008, 35 (4): 405-431.

[62] 刘晴辉. 保险发展、储蓄结构变化与经济增长 [J]. 当代经济科学, 2008 (6): 91-97+125.

[63] 赵尚梅, 李勇, 庞玉锋. 保险业对经济增长贡献的理论模型与实证检验 [J]. 保险研究, 2009 (1): 51-56.

[64] 周海珍. 保险业发展与促进经济增长的关系研究 [J]. 管理世界, 2008 (11): 170-171+185.

[65] 栾存存. 我国保险业增长分析 [J]. 经济研究, 2004 (1): 25-32.

[66] 饶晓辉, 钟正生. 保险能否促进经济增长: 基于中国的实证分析 [J]. 上海经济研究, 2005 (12): 14-20.

[67] Kugler M, Ofoghi R. Does Insurance Promote Economic Growth? Evidence from the UK [R]. University of Southampton, Working Paper, 2005.

[68] Ward D, R. Zurbruegg. Does Insurance Promote Economic Growth? Evidence from OECD Countries [J]. Journal of Risk and Insurance, 2000, 67: 489-506.

[69] 胡宏兵, 郭金龙. 中国保险发展与经济增长关系检验: 基于

Bootstrap 仿真方法的实证分析［J］. 宏观经济研究，2010（2）：41－46＋65.

［70］Cristea, Mirela, Marcu, et al. The Relationship between Insurance and Economic Growth in Romania Compared to the Main Results in Europe－A Theoretical and Empirical Analysis［J］. Procedia Economics and Finance, 2014（8）：226－235.

［71］Skipper H D. Foreign Insurers in Emerging Markets: Issues and Concerns［J］. 1997.

［72］Enz R. The S－Curve Relation Between Per－Capita Income and Insurance Penetration［J］. The Geneva Papers on Risk and Insurance Issues and Practice, 2000, 25（3）：396－406.

［73］Arena M. Does Insurance Market Activity Promote Economic Growth? A Cross－Country Study for Industrialized and Developing Countries［J］. Journal of Risk and Insurance, 2008, 75（4）：921－946.

［74］任燕燕，徐晓艳. 中国保险业发展与经济增长关系的研究［J］. 山东大学学报（哲学社会科学版），2008（1）：91－96.

［75］庞楷. 保险业对经济增长影响的实证分析：基于修正的 Solow 模型［J］. 保险研究，2009（7）：31－36.

［76］赵进文，邢天才，熊磊. 我国保险消费的经济增长效应［J］. 经济研究，2010（S1）：39－50.

［77］沈坤荣，魏锋. 中国保险市场发展的非线性增长效应研究［J］. 金融研究，2010（7）：158－170.

［78］张颖，刘金全，隋建利. 我国保险业发展与经济增长之间的作用机制和关联机制分析［J］. 当代经济研究，2010（2）：53－57.

［79］黄英君，陈晔婷. 中国保险业发展与经济增长关系研究：基于 VAR 模型的实证分析［J］. 保险研究，2012（1）：36－41.

［80］邵全权. 保险业结构、区域差异与经济增长［J］. 经济学（季刊），2012（2）：635－674.

[81] 邵全权. 保险业发展与经济增长的多重均衡 [J]. 数量经济技术经济研究, 2013 (2): 3 – 18.

[82] 吴永钢, 李政. 我国保险业发展的经济增长效应: 基于金融协同的视角 [J]. 南开经济研究, 2013 (4): 82 – 94.

[83] 杨新顺, 强卫, 白斯元. 保险发展、空间溢出与实体经济增长: 基于空间面板杜宾模型的实证分析 [J]. 保险研究, 2017 (5): 53 – 61.

[84] 吴玉鸣. 空间计量经济模型在省域研发与创新中的应用研究 [J]. 数量经济技术经济研究, 2006 (5): 74 – 85 + 130.

[85] 吴玉鸣. 县域经济增长集聚与差异: 空间计量经济实证分析 [J]. 世界经济文汇, 2007 (2): 37 – 57.

[86] 陈福生, 陈振骅. 政治经济学概论 [M]. 北京: 商务印书馆, 1963.

[87] Harrod R F. Price and Cost in Entrepreneurs' Policy [J]. Oxford Economic Papers, 1939 (2): 1 – 11.

[88] Domar E D. Capital Expansion, Rate of Growth, and Employment [J]. Econometrica, 1946, 14 (2): 137 – 147.

[89] Solow R M A. Contribution to the Theory of Economic Growth [J]. The Quarterly Journal of Economics, 1956, 70 (1): 65 – 94.

[90] Hirschman A O. The Strategy of Economic Development [M]. Oxford: Westview Press Inc, 1988.

[91] 弗朗索瓦·佩鲁. 新发展观 [M]. 北京: 华夏出版社, 1987.

[92] Pred A. The Spatial Dynamics of US Urban – industrial Growth [M]. Cambridge: MIT Press. 1996.

[93] Harris C. The market as a Factor in the Localization of Industry in the United State [J]. Annals of the Association ofAmerican Geographers, 1954 (4): 315 – 348.

[94] Krugman P. Increasing Returns and Economic Geography [J]. Jour-

nal of Political Economy, 1991, 99 (3): 483 -499.

[95] Dixit A, Stiglitz J. Monopolistic Competition and Optimum Product Diversity [J]. The American Economic Review, 1977, 67 (3): 297 -308.

[96] Martin P, Rogers C A. Industrial Location and Public Infrastructure [J]. Journal of International Economics, 1995 (39): 335 -351.

[97] Fujita M, Krugman P, Venables A J. The Spatial Economy: Cities, Regions, and International Trade [M]. Massachusetts: MIT Press, 1999.

[98] Baldwin R. E. Agglomeration and Endogenous Capital [J]. European Economic Review, 1999, 43: 253 -280.

[99] Forslid R. Agglomeration with Human and Physical Capital: An Analytically Solvable Case [R]. Discussion Paper No. 2012, Center for Economic Policy Research, 1999.

[100] Forslid R., Ottaviano G I P. An Analytically Solvable Core - periphery Model [J]. Journal of Economic Geography, 2003 (3): 229 -240.

[101] Baldwin R E, Martin P. and Ottaviano G Global Income Divergence, Trade, and Industrialization: The Geography of Growth Take - Offs [J]. Journal of Economic Growth, 2001, 6 (1): 5 -37.

[102] Baldwin R, Forslid R, Martin P, et al. Economic Geography and Public Policy [M]. Princeton: Princeton university Press, 2003.

[103] Ottaviano G, Thisse J F . Agglomeration and economic geography [J]. Handbook of Regional and Urban Economics, 2004 (4): 2563 -2608.

[104] Laulajainen R. Financial Geography: A Banker's View [M]. London: Routledge, 2005.

[105] Labasse J, Allix, André. Les capitaux et la région: étude

géographique: essai sur le commerce et la circulation des capitaux dans la région lyonnaise [J]. Linformation Géographique, 1955, 19: 38 –39.

[106] Granovetter. Economic Action and Social Structure: The Problem of Embeddedness [J]. American Journal of Sociology, 1985, 91 (3): 481 –510.

[107] HenryWai – chung Yeung. Practicing New Economic Geographies: A Methodological Examination [J]. Annals of the Association of American Geographers, 2003, 93 (2): 442 –462.

[108] Porteous D J. The Geography of Finance: Spatial Dimensions of Intermediary Behavior [M]. Aldershot: vebury. 1995.

[109] Zhao S XB. Spatial Restructuring of Financial Centers in Mainland China and Hong Kong: A Geography of Finance Perspective [J]. Urban Affairs Review, 2003, 38 (4): 535 –571.

[110] Thrift N, Leyshon A. A Phantom State? The De – traditionalization of Money, the International Financial System and International Financial Centres [J]. Political Geography, 1994, 13 (4): 299 –327.

[111] Davis M. Who Killed LA? Apolitical Autopsy [J]. New Left Review, 1988, 44 (197): 3 –28.

[112] Reed H C. The Preeminence of International Financial Centers [M]. New York: Praeger Publishers, 1981.

[113] Clark G L. London in the European Financial Services Industry: Locational Advantage and Product Complementarities [J]. Journal of Economic Geography, 2002, 2 (4): 433 –453.

[114] Poon J P. Hierarchical Tendencies of Capital Markets among International Financial Centers [J]. Growth and Change, 2003, 34 (2): 135 –156.

[115] Lai K P. ‘Imagineering’ Asian Emerging Markets: Financial

Knowledge Networks in the Fund Management Industry [J]. Geoforum, 2005, 37 (4): 627 -642.

[116] Gordon I R. Quantitative Easing of an International Financial Centre: How Central London Came So Well out of the Post -2007 Crisis [J]. Cambridge Journal of Regions, Economy and Society, 2016, 9 (2): 335 -353.

[117] Zhao S X, Zhang L, Wang D T. Determining Factors of the Development of a National Financial Center: The Case of China [J]. Geoforum, 2004, 35 (5): 577 -592.

[118] Lai K P. Differentiated Markets: Shanghai, Beijing and Hong Kong in China's Financial Centre Network [J]. Urban Studies, 2012, 49 (6): 1275 -1296.

[119] Yeung G. Hybrid Property, Path Dependence, Market Segmentation and Financial Exclusion: The Case of the Banking Industry in China [J]. Transactions of the Institute of British Geographers, 2009, 34 (2): 177 -194.

[120] He C, Yeung G. The Locational Distribution of Foreign Banks in China: A Disaggregated Analysis [J]. Regional Studies, 2011, 45 (6): 733 -754.

[121] Pan F, Zhao S. X, Wojcik. The Rise of Venture Capital Centres in China: A Spatial and Network Analysis [J]. Geoforum, 2016, 75: 148 -158.

[122] Liu Z, Chen Z. Venture Capital Networks and Investment Performance in China [J]. Australian Economic Papers, 2014, 53 (1 -2): 97 -111.

[123] Elhorst J P. Spatial econometrics: from cross -sectional data to spatial panels [M]. Berlin: Springer, 2014.

[124] Lesage J P, Pace P K. Introduction to Spatial Econometrics [M].

Baca Raton: CRC Press, Taylor & Francis Group, 2009.

[125] Pandilt N R, Gary A S, Cook G M, Peter Swann A Comparison of Clustering Dynamics in the British Broadcasting and Financial Services Industries [J]. International Journal of the Economics of Business, 2002, 9 (2): 195 - 224.

[126] 饶余庆. 香港：国际金融中心 [M]. 香港：商务印书馆, 1997.

[127] Gardner L A, M F Grace. X - Efficiency in the US Life Insurance Industry [J]. Journal of Banking and Finance, 1993, 17 (2 - 3): 497 - 510.

[128] Sommer D W. The Impact of Firm Risk on Property - Liability Insurance Prices [J]. Journal of Risk and Insurance, 1996, 63 (3): 501 - 514.

[129] Cummins J D, G P Nini. Optimal Capital Utilization by Financial Firms: Evidence From the Property - Liability Insurance Industry [J]. Journal of Financial Services Research, 2002, 21 (1 - 2): 15 - 23.

[130] Liebenberg A P, D W Sommer. Effects of Corporate Diversification: Evidence from the Property - Liability Insurance Industry [J]. The Journal of Risk and Insurance, 2008, 75 (4): 893 - 919.

[131] Berger P G, E A Ofek. Diversification's Effect on Firm Value [J]. Journal of Financial Economics, 1995, 37 (1): 39 - 65.

[132] Hirao Y, Inoue T. On the Cost Structure of the Japanese Property - Casualty Insurance Industry [J]. Journal of Risk and Insurance, 2004, 71 (3): 501 - 530.

[133] Fenn P, Vencappa D, Diacon S, Klumpes P, O'Brien C. Market Structure and the Efficiency of European Insurance Companies: A Stochastic Frontier Analysis [J]. Journal of Banking and Finance, 2008, 32 (1): 86 - 100.

[134] 林嘉楠．我国保险公司规模经济实证研究［J］．保险研究，2008（7）：40－43.

[135] 赵娜，王博，刘燕．城市群、集聚效应与“投资潮涌”——基于中国20个城市群的实证研究［J］．中国工业经济，2017（11）：81－99.

[136] Outreviller J F. Life Insurance Markets in Developing Countries [J]. Journal of Risk and Insurance, 1996, 63 (2): 263－278.

[137] Beck T L Webb. Economic, Demographic, and Institutional Determinants of Life Insurance Consumption Across Countries [J]. World Bank Economic Review. 2003, 17 (1): 51－88.

[138] Li D, F Moshirian, P Nguyen, T Wee. The Demand for Life Insurance in OECD Countries [J]. Journal of Risk and Insurance, 2007, 74 (3): 637－652.

[139] Lewis F D. Dependents and the Demand for Life Insurance [J]. The American Economic Review, 1989, 79 (3): 452－467.

[140] Anselin L. Spatial Econometrics: Methods and Models [M]. Dordrecht: Kluwer Academic Publisher, 1988.

附　录

附录 A

CES 效用函数：

$$C_I = \left(\int_{i=0}^{n^w} c_i^{1-1/\sigma} \mathrm{d}i\right)^{1/(1-1/\sigma)}, \sigma > 1$$

预算约束条件为：

$$\sum_{i=1}^{N} p_i c_i = \mu E$$

构造拉格朗日方程，得到：

$$L = \left(\sum_{i=1}^{N} c_i^{1-1/\sigma}\right)^{1/(1-1/\sigma)} + \lambda\left(\sum_{i=1}^{N} p_i c_i - \mu E\right)$$

对 c_i 求导并令该导数为 0，可以得到：

$$\left(\sum_{i=1}^{N} c_i^{1-1/\sigma}\right)^{1/(1-1/\sigma)} c_i^{-1/\sigma} = -\lambda p_i$$

将上式进行 $-\sigma$ 次方可以得到：

$$\left(\sum_{i=1}^{N} c_i^{1-1/\sigma}\right)^{-\sigma/(\sigma-1)} c_i = -\lambda^{-\sigma} p_i^{-\sigma}$$

将上式所代表的 N 个式子两边同乘以 p_i，并相加 N 个式子可得到：

$$\left(\sum_{i=1}^{N} c_i^{1-1/\sigma}\right)^{-\sigma/(\sigma-1)} \mu_i E = -\lambda^{-\sigma} \sum_{i=1}^{N} p_i^{1-\sigma}$$

将以上两个式子相除可以得到：

$$c_j = \mu E p_j^{-\sigma} / \sum_{i=1}^{N} p_i^{1-\sigma}$$

若将保险产品种类看作连续变量，可以将分母中离散变量求和改为连续变量求和，则可以得到要证明的关系式：

$$c_j = \mu E \frac{p_j^{-\sigma}}{\Delta n^{w}}$$

可以得出，FC 模型展示了促使保险业集中的聚集力，也得到了保险业分布 s_n 的显性解。

附录 B

由 $c_j = \mu E \frac{p_j^{-\sigma}}{\Delta n^w}$，$\Delta n^w = \int_{i=0}^{n^w} p_i^{1-\sigma} \mathrm{d}i$ 可知：

对于第 j 种保险产品而言，若不考虑 p_j 对 $\sum_{i=1}^{N} p_i^{1-\sigma}$ 的影响，则 μE 和 $\sum_{i=1}^{N} p_i^{1-\sigma}$ 为常数，则第 j 种保险产品价格和需求量之间的关系可写成：

$$x_j = c_j + \mathrm{e}^{d+\frac{1}{t}} c_j^*，c_j = kp_j^{-\sigma}，c_j^* = k^*(p_j^*)^{-\sigma} = \mathrm{e}^{-(d+\frac{1}{t})\sigma} k^* p_j^{-\sigma}，$$

$$x_j = kp_j^{-\sigma} + \mathrm{e}^{(d+\frac{1}{t})(1-\sigma)} k^* p_j^{-\sigma} = [k + \mathrm{e}^{(d+\frac{1}{t})(1-\sigma)} k^*] p_j^{-\sigma}，$$

其中，$k = \mu E / (\sum_{i=1}^{N} p_i^{1-\sigma})$，$k^* = \mu E^* / (\sum_{i=1}^{N} (p_i^*)^{1-\sigma})$。

提供第 j 种保险产品公司的利润可以写成：$p_j x_j - (\pi + w_L a_m x_j)$，在上述条件约束下，建立利润函数的拉格朗日方程：

$$L = p_j x_j - (\pi + w_L a_m x_j) + \lambda \{ x_j - [k + \mathrm{e}^{(d+\frac{1}{t})(1-\sigma)} k^*] p_j^{-\sigma} \}$$

求导可得到：

$$\frac{\mathrm{d}L}{\mathrm{d}x_j} = p_i - w_L a_m + \lambda = 0$$

$$\frac{\mathrm{d}L}{\mathrm{d}p_j} = x_j + \lambda [k + \mathrm{e}^{(d+\frac{1}{t})(1-\sigma)} k^*] \sigma p_j^{-\sigma-1} = 0$$

进一步整理可得到：

$$p_j = \frac{w_L a_m}{1 - 1/\sigma}$$

由于模型假定市场中保险公司为对称性企业，每个公司的产出和价格都相等，因此可以把下标j去掉，则：

$$p = \frac{w_L a_m}{1 - 1/\sigma}$$

从上式中可以看出，单位价格中可变成本$w_L a_m$所占份额为$1 - 1/\sigma$，固定成本w所占份额为$1/\sigma$。

附录 C　九大城市群保险密度的群间差距

年份	1-2	1-3	1-4	1-5	1-6	1-7	1-8	1-9	2-3	2-4	2-5	2-6
2005	0.390	0.479	0.434	0.533	0.530	0.528	0.605	0.580	0.343	0.282	0.430	0.424
2006	0.331	0.412	0.387	0.473	0.474	0.480	0.552	0.508	0.343	0.259	0.456	0.453
2007	0.317	0.395	0.359	0.462	0.464	0.475	0.553	0.475	0.330	0.247	0.424	0.427
2008	0.263	0.349	0.297	0.397	0.391	0.430	0.506	0.409	0.315	0.216	0.390	0.378
2009	0.239	0.341	0.270	0.391	0.400	0.417	0.517	0.412	0.306	0.204	0.369	0.377
2010	0.263	0.408	0.290	0.387	0.363	0.419	0.534	0.383	0.325	0.212	0.308	0.286
2011	0.245	0.337	0.278	0.328	0.357	0.388	0.458	0.335	0.295	0.242	0.288	0.320
2012	0.315	0.406	0.328	0.402	0.420	0.422	0.489	0.402	0.292	0.244	0.298	0.324
2013	0.307	0.391	0.323	0.416	0.412	0.406	0.478	0.391	0.291	0.252	0.330	0.329
2014	0.259	0.318	0.288	0.376	0.356	0.404	0.428	0.331	0.301	0.232	0.380	0.357
2015	0.248	0.293	0.289	0.345	0.342	0.383	0.414	0.332	0.268	0.232	0.340	0.339
均值	0.289	0.375	0.322	0.410	0.410	0.432	0.503	0.414	0.310	0.238	0.365	0.365

年份	2-7	2-8	2-9	3-4	3-5	3-6	3-7	3-8	3-9	4-5	4-6	4-7
2005	0.411	0.505	0.485	0.428	0.342	0.335	0.505	0.420	0.378	0.524	0.515	0.423
2006	0.387	0.522	0.489	0.419	0.324	0.319	0.500	0.406	0.357	0.522	0.519	0.411
2007	0.405	0.513	0.441	0.392	0.262	0.258	0.532	0.371	0.287	0.476	0.478	0.411
2008	0.381	0.499	0.401	0.339	0.254	0.255	0.494	0.350	0.275	0.405	0.394	0.393
2009	0.372	0.499	0.388	0.336	0.238	0.250	0.483	0.346	0.264	0.394	0.401	0.378
2010	0.376	0.471	0.303	0.371	0.203	0.312	0.506	0.327	0.217	0.358	0.316	0.370
2011	0.364	0.421	0.292	0.356	0.202	0.227	0.456	0.312	0.227	0.351	0.374	0.354
2012	0.379	0.408	0.298	0.365	0.228	0.231	0.471	0.309	0.250	0.370	0.394	0.367
2013	0.371	0.409	0.297	0.365	0.241	0.225	0.458	0.300	0.233	0.396	0.396	0.362
2014	0.362	0.425	0.323	0.329	0.274	0.259	0.448	0.321	0.256	0.412	0.388	0.363
2015	0.337	0.403	0.323	0.303	0.249	0.242	0.414	0.315	0.248	0.368	0.365	0.347
均值	0.377	0.461	0.367	0.364	0.256	0.265	0.479	0.343	0.272	0.416	0.413	0.380

年份	4-8	4-9	5-6	5-7	5-8	5-9	6-7	6-8	6-9	7-8	7-9	8-9
2005	0.576	0.565	0.266	0.569	0.319	0.289	0.562	0.344	0.281	0.629	0.617	0.349

续表

年份	4-8	4-9	5-6	5-7	5-8	5-9	6-7	6-8	6-9	7-8	7-9	8-9
2006	0.574	0.545	0.247	0.570	0.307	0.278	0.568	0.332	0.275	0.630	0.606	0.350
2007	0.550	0.484	0.240	0.584	0.307	0.264	0.585	0.330	0.255	0.649	0.603	0.349
2008	0.504	0.413	0.223	0.534	0.270	0.233	0.527	0.307	0.242	0.618	0.553	0.316
2009	0.513	0.409	0.226	0.516	0.278	0.235	0.518	0.313	0.248	0.613	0.536	0.324
2010	0.499	0.351	0.292	0.492	0.289	0.183	0.445	0.422	0.294	0.604	0.507	0.339
2011	0.463	0.353	0.195	0.449	0.265	0.195	0.463	0.303	0.226	0.546	0.471	0.319
2012	0.461	0.367	0.209	0.469	0.272	0.235	0.485	0.289	0.240	0.553	0.490	0.325
2013	0.460	0.371	0.227	0.471	0.278	0.239	0.473	0.286	0.226	0.541	0.478	0.314
2014	0.451	0.363	0.219	0.493	0.256	0.229	0.480	0.279	0.223	0.547	0.485	0.300
2015	0.427	0.357	0.202	0.449	0.255	0.214	0.450	0.276	0.214	0.518	0.464	0.294
均值	0.498	0.416	0.231	0.509	0.281	0.236	0.505	0.316	0.248	0.586	0.528	0.325

其中，数字1、2、3、4、5、6、7、8、9分别对应京津冀城市群（1）、辽中南城市群（2）、哈长城市群（3）、长三角城市群（4）、中原城市群（5）、长江中游城市群（6）、珠三角城市群（7）、北部湾城市群（8）和成渝城市群（9）。例如，1-2表示京津冀城市群和辽中南城市群。

附录 D 九大城市群保险深度的群间差距

年份	1-2	1-3	1-4	1-5	1-6	1-7	1-8	1-9	2-3	2-4	2-5	2-6
2005	0.166	0.241	0.162	0.193	0.191	0.291	0.306	0.176	0.203	0.105	0.151	0.157
2006	0.105	0.197	0.130	0.150	0.160	0.237	0.276	0.145	0.162	0.083	0.107	0.120
2007	0.112	0.217	0.146	0.149	0.170	0.235	0.291	0.128	0.162	0.102	0.097	0.106
2008	0.122	0.207	0.143	0.136	0.152	0.195	0.274	0.140	0.166	0.098	0.102	0.110
2009	0.178	0.234	0.175	0.163	0.209	0.215	0.310	0.134	0.180	0.100	0.126	0.120
2010	0.230	0.303	0.203	0.166	0.232	0.231	0.356	0.146	0.133	0.116	0.172	0.126
2011	0.238	0.270	0.181	0.155	0.225	0.194	0.313	0.127	0.145	0.148	0.234	0.143
2012	0.220	0.266	0.174	0.156	0.219	0.180	0.294	0.151	0.166	0.148	0.207	0.129
2013	0.297	0.335	0.238	0.209	0.290	0.247	0.351	0.196	0.163	0.147	0.192	0.120
2014	0.182	0.256	0.186	0.167	0.240	0.194	0.302	0.147	0.172	0.119	0.131	0.141
2015	0.159	0.202	0.197	0.161	0.232	0.174	0.289	0.141	0.133	0.130	0.123	0.150
均值	0.183	0.248	0.176	0.164	0.211	0.217	0.306	0.148	0.162	0.118	0.149	0.129

年份	2-7	2-8	2-9	3-4	3-5	3-6	3-7	3-8	3-9	4-5	4-6	4-7
2005	0.259	0.276	0.124	0.184	0.188	0.179	0.264	0.251	0.190	0.147	0.145	0.245
2006	0.193	0.245	0.103	0.177	0.170	0.166	0.241	0.244	0.195	0.142	0.152	0.228
2007	0.193	0.238	0.116	0.186	0.174	0.154	0.246	0.230	0.222	0.153	0.160	0.238
2008	0.163	0.224	0.159	0.179	0.188	0.186	0.216	0.244	0.235	0.140	0.145	0.190
2009	0.152	0.216	0.165	0.189	0.205	0.201	0.215	0.251	0.224	0.150	0.156	0.179
2010	0.162	0.244	0.199	0.180	0.248	0.182	0.208	0.250	0.277	0.167	0.166	0.183
2011	0.179	0.221	0.250	0.191	0.268	0.192	0.217	0.251	0.279	0.190	0.185	0.183
2012	0.160	0.211	0.201	0.207	0.253	0.191	0.213	0.251	0.246	0.167	0.179	0.164
2013	0.178	0.206	0.205	0.206	0.235	0.187	0.226	0.249	0.244	0.159	0.177	0.176
2014	0.161	0.225	0.138	0.188	0.207	0.180	0.221	0.238	0.219	0.156	0.174	0.183
2015	0.134	0.227	0.109	0.147	0.160	0.153	0.160	0.225	0.151	0.172	0.170	0.173
均值	0.176	0.230	0.161	0.185	0.209	0.179	0.221	0.244	0.226	0.158	0.165	0.195

年份	4-8	4-9	5-6	5-7	5-8	5-9	6-7	6-8	6-9	7-8	7-9	8-9
2005	0.262	0.130	0.128	0.222	0.203	0.138	0.210	0.212	0.135	0.304	0.271	0.245

续表

年份	4-8	4-9	5-6	5-7	5-8	5-9	6-7	6-8	6-9	7-8	7-9	8-9
2006	0.265	0.139	0.122	0.203	0.207	0.147	0.199	0.211	0.160	0.299	0.267	0.267
2007	0.269	0.159	0.131	0.218	0.225	0.150	0.220	0.222	0.178	0.329	0.269	0.296
2008	0.241	0.185	0.135	0.181	0.223	0.158	0.182	0.233	0.182	0.283	0.257	0.318
2009	0.245	0.173	0.164	0.179	0.243	0.140	0.178	0.225	0.200	0.272	0.238	0.313
2010	0.284	0.178	0.185	0.191	0.289	0.128	0.187	0.273	0.201	0.310	0.234	0.338
2011	0.273	0.184	0.224	0.196	0.274	0.133	0.195	0.255	0.227	0.303	0.222	0.321
2012	0.262	0.162	0.205	0.164	0.260	0.135	0.175	0.233	0.199	0.282	0.193	0.279
2013	0.260	0.158	0.191	0.165	0.251	0.125	0.185	0.224	0.199	0.287	0.198	0.281
2014	0.249	0.158	0.180	0.170	0.238	0.132	0.198	0.215	0.198	0.290	0.200	0.271
2015	0.239	0.164	0.182	0.151	0.230	0.123	0.179	0.217	0.179	0.273	0.171	0.251
均值	0.259	0.163	0.168	0.185	0.240	0.137	0.192	0.229	0.187	0.294	0.229	0.289

其中，数字1、2、3、4、5、6、7、8、9分别对应京津冀城市群（1）、辽中南城市群（2）、哈长城市群（3）、长三角城市群（4）、中原城市群（5）、长江中游城市群（6）、珠三角城市群（7）、北部湾城市群（8）和成渝城市群（9）。例如，1-2表示京津冀城市群和辽中南城市群。